글쓴이 **지호진**
대학에서 문학을 전공하고, 우리나라 전통문화 관련 잡지에서 기자 생활을 했습니다. 지금은 어린이 책 전문 기획 작가로 활동하고 있습니다. 그동안 쓴 책으로는 《아하! 그땐 이런 인물이 있었군요》《아하! 그땐 이런 경제생활을 했군요》《아하! 그땐 이런 문화재가 있었군요》《아하! 세계엔 이런 나라가 있군요》《아하! 세계엔 이런 사건이 있었군요》《유물과 유적으로 보는 한국사》《유물과 유적으로 보는 세계사》《밤하늘 별 이야기》《한권으로 보는 그림 한국사 백과》 등이 있습니다.

그린이 **이혁**
만화 영화의 그림을 그리다 지금은 어린이 책 그림을 그리는 일을 하고 있습니다. 이것저것 만드는 것과 모으는 것이 취미입니다. 그 동안 작업한 책으로는 《아하! 그땐 이렇게 살았군요》《아하! 그땐 이런 인물이 있었군요》《아하! 그땐 이렇게 싸웠군요》《아하! 그땐 이런 경제생활을 했군요》《유물과 유적으로 보는 세계사 이야기》《한 권으로 보는 그림 한국사 백과》 등이 있습니다.

아하! 우리 역사 **❸** 인물사

아하! 그땐 이런 인물이 있었군요

1판 1쇄 인쇄 | 2003. 9. 24.
1판 28쇄 발행 | 2020. 9. 1.

지호진 글 | 이혁 그림

발행처 김영사 | **발행인** 고세규
등록번호 제 406-2003-036호
등록일자 1979. 5. 17.
주소 경기도 파주시 문발로 197(우10881)
전화 마케팅부 031-955-3102 | **편집부** 031-955-3113~20 | **팩스** 031-955-3111

ⓒ2005 김영사
이 책의 저작권은 김영사에게 있습니다.
서면에 의한 김영사의 허락없이 내용의 일부를 인용하거나 발췌하는 것을 금합니다.

값은 표지에 있습니다.
ISBN 978-89-349-1339-9 73910

좋은 독자가 좋은 책을 만듭니다. 김영사는 독자 여러분의 의견에 항상 귀 기울이고 있습니다.
독자의견전화 031-955-3139 | 전자우편 book@gimmyoung.com | 홈페이지 www.gimmyoungjr.com
어린이들의 책놀이터 cafe.naver.com/gimmyoungjr | 드림365 cafe.naver.com/dreem365

어린이제품 안전특별법에 의한 표시사항

제품명 도서 제조년월일 2020년 9월 1일 제조사명 김영사 주소 10881 경기도 파주시 문발로 197
전화번호 031-955-3100 제조국명 대한민국 ⚠주의 책 모서리에 찍히거나 책장에 베이지 않게 조심하세요.

아하! 그댄 이런 인물이 있었군요

글 지호진 그림 이혁

주니어김영사

책을 읽기 전에

역사의 주인공은 누구일까요?

역사란 무엇일까요? 바로 우리 인간이 사는 사회가 변화해 온 모습을 기록한 것이랍니다. 그렇다면 역사의 주인공은 누구일까요? 우리 인간, 즉 인물이 바로 역사의 주인공이겠지요. 인물이 역사를 만들고 이끌어온 것이니까요.

우리는 역사를 움직여 온 인물들 중에서 특별히 인류 역사의 발전에 큰 도움을 준 사람을 가리켜 '위인'이라고 합니다. 어려운 처지를 이겨내고 자신의 꿈을 이루어낸 사람도 위인이라 할 수 있겠지요.

위대한 예술 작품을 남긴 레오나르도 다빈치와 미켈란젤로, 소녀의 몸으로 조국을 위해 목숨을 바친 잔다르크, 어린이들을 위해 평생을 바친 교육자 페스탈로치, 끝없는 인류애로 의료 사업을 펼친 슈바이처와 나이팅게일, 노예 해방을 위해 힘쓴 링컨, 수많은 발명품으로 생활의 편리함을 준 에디슨 등 수많은 인물들이 세계의 역사에 빛나고 있습니다. 이와 마찬가지로 우리 민족, 우리 나라에도 별처럼 빛나는 위인들이 참으로 많습니다. 고조선과 삼국 시대, 고려 시대, 조선 시대, 일제 강점기와 현대에 이르기까지 오천 년이나 되는 긴 역사니까요.

만주 대륙을 지배한 광개토대왕, 삼국 통일을 이룬 김유신과 김춘추, 어지럽던 후삼국을 통일하고 고려를 세운 왕건, 백성을 위해 한글을 만

들고 어진 정치를 편 세종대왕과 여러 발명품을 만들어 과학 기술의 발전을 이룬 장영실, 외적의 침입을 물리치고 나라를 위기에서 구한 이순신, 목숨을 바쳐 나라의 독립을 이루려 했던 안중근과 유관순…. 이처럼 우리 민족에게도 시대마다 눈부신 업적과 훌륭한 인품으로 역사의 별이 된 인물들이 많습니다.

그렇다면 이 인물들은 어떻게 해서 우리 역사의 중심적인 인물이 된 것일까요? 이들이 세운 업적은 어떤 것들이 있으며, 그로 인해 당시의 사회는 어떻게 변화되었고 역사는 또 어떻게 방향을 바꾸었을까요? 그리고 그들은 어떻게 우리 역사의 중심 인물이 되었으며 어떤 이유로 지금까지 우리의 사랑과 존경을 받고 있는 걸까요?

자, 그럼 역사 속으로 들어가 우리 역사의 주인공이 된 인물들을 만나 봅시다. 재미있는 그림으로 보는 당시의 생생한 역사 현장, 그 속에서 인물들이 걸어온 삶을 들여다보세요. 인물들을 통해 역사의 한 장면 한 장면을 들여다보면 흥미진진하고도 의미 있는 우리 역사가 한눈에 들어온답니다. 인물에 얽혀 있는 재미있는 사건과 이야기들은 덤으로 가져가세요.

2003년 8월 지호진, 이혁

차례

삼국 시대

동북 아시아를 지배한 위대한 왕
광개토대왕
10

살수대첩을 이끈 고구려의 명장
을지문덕
14

아시아의 바다를 지배한 해상왕
장보고
34

만주 땅을 되찾은 발해의 시조
대조영
38

고려 시대

후삼국을 통일한 고려의 태조
왕건
44

로켓을 쏘아올린 고려의 발명가
최무선
62

고려의 충신, 나라를 위한 한 마음
정몽주
66

조선 시대

훈민정음을 만든 위대한 임금
세종대왕
72

동방의 성인으로 불리운 대학자
이이
90

백성들의 삶을 그린 최고의 풍속 화가
김홍도
93

임진왜란을 극복한 민족의 영웅
이순신
96

조선의 문예 부흥기를 이끈 임금
정조
100

일본 총독을 쏘아 죽인 애국 지사
안중근
117

일본군을 떨게 한 독립군 총사령관
김좌진
120

애국가를 작곡한 세계적인 음악가
안익태
123

3.1 운동의 불꽃이 된 독립 투사
유관순
126

| 일본 아스카 문화의 아버지
왕인
18 | 백제와 함께 스러져간 영웅
계백
22 | 삼국 통일을 이룩한 신라의 명장
김유신
26 | 석굴암을 지은 신라 제일의 건축가
김대성
30 |

| 한마디 말로 거란을 물리친 외교관
서희
48 | 별무반을 조직해 여진을 정벌한 장군
윤관
52 | 거란을 물리친 귀주대첩의 주인공
강감찬
55 | 무명옷의 재료, 목화를 들여온 학자
문익점
58 |

| 현명한 어머니이자 뛰어난 예술가
신사임당
76 | 신분을 뛰어넘은 위대한 과학자
장영실
80 | 동의보감을 펴낸 한의학의 아버지
허준
83 | 동양사상의 기둥이 된 대학자
이황
86 |

| 실학을 완성한 천재적인 대학자
정약용
104 | 대동여지도를 만든 지리학자
김정호
108 | **일제 강점기** | 독립신문을 펴낸 독립 운동가
서재필
114 |

| 나라의 독립과 통일에 바친 한 몸
김구
130 | 이 땅 모든 어린이들의 친구
방정환
133 | \|부록\|
인물 연표 | |

삼국 시대

우리 민족 최초의 국가 고조선 이후, 한반도에는 여러 나라가 세워졌습니다. 그 중에서 고구려, 백제, 신라 등 세 나라가 중심에 서게 되었고, 서로 힘을 겨루며 성장해 나갔습니다. 그 발전 과정에 여러 인물들이 나와 큰 일을 하였습니다. 고구려는 중국 대륙을 통일한 수나라, 당나라와 맞서 싸우며 당당하게 이 땅을 지키고 그 기상을 널리 떨쳤으며, 백제는 찬란한 문화를 꽃피우며 일본에 큰 영향을 끼쳤습니다. 신라는 세 나라 중 가장 늦게 세력을 갖추었으나 여러 훌륭한 인물들의 활약으로 삼국을 통일하고 당나라를 몰아내었습니다. 통일 뒤에는 뛰어난 예술과 문화를 창조해내기도 하였지요. 자, 과연 어떤 인물들이 삼국을 이끌었으며 이 시대의 주인공으로 눈부신 활약을 하였을까요?

동북 아시아를 지배한 위대한 왕
광개토대왕 (375년 ~ 413년)

고구려 제19대 왕. 우리 나라 역사상 가장 넓은 영토를 개척한 영웅이다. 우리 나라 최초로 '영락'이라는 연호를 사용하여 고구려가 중국과 대등한 관계에 있음을 선포하였다.

"모용귀, 어서 나와 그만 항복하라!"
_후연을 물리치고 숙군성을 함락하다 (402년)

고구려 진영에서 숙군성으로 한 편의 편지가 날아왔습니다.
"어서 나와 그만 항복하라!"
편지를 읽은 후연*의 대장 모용귀는 화가 머리끝까지 났습니다.
모용귀의 부하 장수가 곧장 성 위로 올라가 외쳤습니다.
"목숨이 아깝거든 돌아가거라!"
그러자 광개토대왕이 재빨리 활을 뽑아 화살을 쏘았고,
그 장수를 정통으로 맞혔습니다.
"으아악!"
이어 광개토대왕의 쩌렁쩌렁한 목소리가
사방에 울려 퍼졌습니다.
"공격하라! 성에 불을 질러라!"
사기가 하늘을 찌를 듯한 고구려 군사들은
적들을 물리치고 결국 성을 무너뜨렸습니다.

*후연 : 중국 5호 16국의 하나로, 선비족이 세운 나라.

광개토대왕의 승리 그리고 영토 확장

왜 : 400년, 백제는 왜를 부추겨 고구려와 동맹 관계에 있는 신라를 공격하게 했습니다. 궁지에 몰린 신라는 고구려에 사신을 보내 도움을 요청하였고, 광개토대왕은 5만의 군사를 신라로 보내 왜의 세력을 가야 지방까지 추격하여 완전히 멸망시켰습니다.

거란 : 395년, 고구려군은 비려(거란족)의 3개 부락을 정복한 뒤 무수히 많은 소와 말, 양을 획득하여 돌아왔습니다.

숙신 : 398년, 광개토대왕은 숙신(말갈족)을 정벌하고 연해주 지역의 영토를 넓혔습니다.

동부여 : 410년, 광개토대왕은 친히 군사를 이끌고 동부여를 정벌하여 64개 성과 1,400개의 촌을 빼앗았습니다.

백제를 정벌하여 남쪽으로 영토를 넓히다

392년 10월, 고구려는 백제의 요충지인 관미성을 공격하였고, 20여 일의 전투 끝에 성을 무너뜨렸습니다.
이에 대한 보복으로 백제 아신왕의 크고 작은 공격이 계속되자, 광개토대왕은 대대적인 백제 정벌에 나섰답니다.
수군을 이끌고 아리수(한강)를 건너 백제의 수도까지 진격했으며, 이때 58성 700촌을 손에 넣고 백제 왕의 형제와 대신 10여 명을 볼모로 데려오는 큰 성과를 거두었습니다.

후연을 공격해 요동을 차지하다

402년, 광개토대왕은 후연의 숙군성을 공격하여 함락시켰습니다. 후연은 숙군성에서의 패배를 갚기 위해 고구려의 요동성과 목저성을 공격해 왔으나 고구려의 치밀한 방어에 밀려 소득 없이 돌아가고 말았습니다.

광개토대왕의 또 다른 업적들

광개토대왕은 영토를 크게 확장하였을 뿐만 아니라 평양에 9개의 절을 짓고 불교를 널리 퍼뜨렸습니다. 광개토대왕비에 보면 '나라가 부강하고 백성이 편안하였으며 오곡이 풍성하게 익었다'는 기록이 있답니다. 광개토대왕이 단순히 땅을 넓혀간 영웅에 그치지 않고 나라를 잘 다스린 통치자이기도 했음을 알려주는 것이지요.

광개토대왕의 삶과 죽음

광개토대왕은 고구려의 체제를 정비한 소수림왕의 조카이며 고국양왕의 아들입니다. 본명이 '담덕'이었던 대왕은 어려서부터 체격이 크고 용감하였으며, 누구보다 큰 뜻을 품고 있었습니다.
386년 태자로 책봉되었다가 아버지인 고국양왕이 죽자 바로 왕위에 올라 고구려를 이끌었답니다. 왕위에 있는 동안 끊임없이 전쟁을 치러내며 고구려를 동아시아의 강자로 만들었으나 413년, 39세라는 아까운 나이에 그만 세상을 떠났습니다. 무덤과 비석은 현재 중국 지린성 지안현에 남아 있습니다.

이런일 저런일

동북 아시아의 강자로 떠오른 고구려

광개토대왕이 왕위에 오를 때는 고구려와 백제, 신라가 강력한 국가의 기틀을 다지며 활발한 활동을 벌일 때였어요. 특히 백제가 강한 힘을 가지고 세력을 넓혀 가고 있었지요.
고구려는 중국 대륙과 맞닿아 있어 수많은 북방 민족의 외침을 물리치며 성장해야 하는 불리한 위치였답니다. 요동의 패권을 장악한 후연의 침략이 그치지 않았고, 백제와의 치열한 전투로 고국원왕이 목숨을 잃는 등 고구려에는 크고 작은 위기가 계속되었습니다.
그러나 고구려는 조금도 위축되지 않고 세력을 키워 나갔으며, 광개토대왕이라는 영웅을 만나 동북 아시아의 주인공으로 당당히 나섰습니다.

만주 벌판을 호령한 광개토대왕

살수대첩을 이끈 고구려의 명장
을지문덕 (?~?)

고구려 영양왕 때의 장군. 언제 어디에서 태어났는지에 대한 기록이 남아 있지 않다. 세계 전쟁사에도 길이 남을 살수대첩의 큰 승리로 고구려의 기상을 널리 떨쳤다.

"바로 이때다! 막았던 둑을 터라!"
_살수(청천강)에서 수나라 대군을 격파하다 (612년)

수나라의 30만 대군이 살수에 이르렀을 때였습니다.
어디선가 을지문덕 장군의 벼락같은 목소리가 터져 나왔습니다.
"둑을 터라! 수나라 군사들을 모두 물로 쓸어 버려라!"
"아차! 속았다. 을지문덕에게 보기 좋게 넘어갔구나."
수나라의 두 장군 우중문과 우문술은 그제야 사태를 알아차렸지만
이미 때늦은 후회일 뿐이었습니다. 수나라 군사들은 불어난 물에 잠겨 순식간에
목숨을 잃었고, 용케 헤엄쳐서 강을 빠져 나오면 미리 기다리고 있던 고구려
군사들에게 죽임을 당했습니다. 을지문덕 장군의 뛰어난 작전과 고구려
군사들의 용맹으로 30만 명도 넘는 수나라의 정예부대 별동군을
격퇴한 이 싸움을 '살수대첩' 이라고 합니다.

홀몸으로 적진에 들어가다

수나라 군대가 압록강에 도착했을 때입니다. 을지문덕은 항복하러 왔다며 홀로 수나라 진영에 들어갔습니다. 사실은 수나라 군대의 전력을 알아보기 위한 것이었지요. 목숨을 걸고 적진에 뛰어든 을지문덕은 수나라군이 매우 지쳐 있고 식량도 부족하다는 것을 한눈에 알아차렸고, 우중문 등 수나라 장수들이 우왕좌왕 하는 사이에 재빨리 빠져 나왔답니다.

치밀한 작전으로 적을 지치게 만들다

적군의 전력을 파악한 을지문덕은 새로운 작전을 세웠습니다. 그것은 수나라군을 피곤하게 하여 힘을 더욱 빼놓는 것이었습니다. 고구려군은 수나라 군대가 압록강을 건너오자 조금 싸우다가 후퇴하고, 또 조금 싸우는 척하다가 후퇴하였습니다. 을지문덕의 계획대로 수나라 군사들은 아무런 성과 없이 지치기만 했고, 결국 힘이 크게 약해지고 말았습니다.

수나라 장군 우중문에게 시를 보내다

수나라의 장군 우중문은 지치고 굶주린 군사를 이끌고 평양성을 공격하는 것은 무리라고 생각했습니다. 그러니 평양성을 공격할 수도 없었고, 그렇다고 군사를 이끌고 먼 길을 돌아가기도 막막한 처지였습니다. 이때 바로 을지문덕이 시를 지어 우중문에게 보냈습니다.

신기한 전략은 하늘의 이치를 꿰뚫었고
기묘한 책략은 땅의 이치를 통달했네.
싸움에 이겨 공이 이미 높으니
그만 만족하고 돌아간들 어떠리.

겉보기에는 고구려의 패배를 인정하는 내용인 듯하지만, 속뜻은 더 공격해 봤자 이기기 힘드니 그만 돌아가라는 점잖은 권유로 우중문을 조롱하는 것이었습니다. 을지문덕은 승리할 자신감이 넘쳐 있었지요. 사기가 꺾인 우중문은 군사를 후퇴시켰습니다. 그러나 후퇴하던 수나라군은 살수에서 다시 고구려 군사를 만나 크게 패배하였습니다. 을지문덕의 치밀한 전략으로 100만 대군을 거느리고 침략해 온 수나라를 크게 물리치고 나라를 지킨 것입니다.

수나라, 멸망의 길을 걷게 되다

역사상 최대의 군사를 동원한 수나라는 을지문덕이 이끄는 고구려군에게 역사상 최대의 참패를 당했습니다.
이후 수나라는 양제가 다시 직접 군사를 이끌고 고구려를 침공했습니다. 그러나 끝내 고구려와 한반도를 점령하려던 계획을 이루지 못했고, 그 무리한 계획의 실패는 수나라 멸망의 원인이 되었습니다.

이런일 저런일

중국 대륙을 통일한 수나라의 등장

을지문덕이 활약하던 당시, 동아시아의 상황은 변화가 많았습니다. 중국은 남북조 시대 말기였는데, 북조의 북주가 나라 이름을 '수'로 고치고 589년, 남조의 강국 동진을 멸망시켰습니다. 남북으로 갈라져 있던 중국을 오랜만에 통일한 것이지요. 수나라는 대륙의 새로운 강자로 떠올랐습니다.

그러나 중국을 통일한 지 얼마 안 되어 대대적인 토목 공사를 벌이고 고구려를 침략하는 등 전쟁이 끊이지 않아 백성들은 큰 고통을 받았습니다. 특히 대규모의 고구려 원정이 번번이 실패로 돌아가면서 수나라는 38년의 짧은 역사를 접어야만 했습니다.

일본 아스카 문화의 아버지
왕인 (?~?)

백제의 유학자. 일본에 건너가 유학을 가르치며 여러 가지 우수한 백제 문화를 전해 주었다. 일본 아스카 문화에 큰 영향을 끼쳐, 일본에서는 학문의 시조로 높이 평가되고 있다.

"나라를 위해 내가 일본으로 건너가리라"
_백제의 태자를 대신해 왜 왕실의 스승으로 가다 (405년)

5척의 배가 돛을 올리고 있는 포구에 많은 사람들이 안타까운 표정으로 서 있었어요.
"너무 슬퍼하지 마십시오. 내가 왜로 건너가는 것은 우리 백제를 위해 꼭 해야 할 일입니다."
백제의 오경 박사로 많은 사람들에게 존경 받던 왕인 박사가
일본 왕의 요청으로 백제의 우수한 학문과 기술을 전하기 위해 일본으로 떠나게 되었습니다.
'왜에 볼모로 묶여 있는 태자 전지 대신 내가 왜 왕실의 스승으로 가는 것이
나라와 임금을 위해 충성하는 길이요 신하의 도리일 것이다.'
이렇게 결심한 왕인 박사는 일본에 건너가 두 태자의 스승이 되었을 뿐 아니라,
백제의 우수한 학문과 윤리, 발달된 기술을 전해 주어 일본이 자랑하는 아스카 문화와
나라 문화의 창시자가 되었습니다.

아하! 그렇구나

오경 박사가 되다

왕인은 어려서부터 매우 영특하여 여덟 살에 이미 학문의 전당 '문선재'에 입학해 공부하였어요. 밤을 새워 가며 유학과 경전에 열중했던 왕인은 학문의 뛰어남을 인정 받아 10년 뒤인 18세에 오경 박사로 뽑혔습니다. 당시 백제에서는 학문과 기술 등 여러 전문 분야에 박사 제도를 두어, 그 분야에서 뛰어난 사람에게 박사라는 칭호를 주었답니다. 그 가운데 오경 박사는 주역, 시경, 서경, 예기, 춘추 등 다섯 가지 경전에 통달한 전문 학자가 받는 명예로운 지위였습니다.

태자를 대신해 일본으로 건너가다

당시 고구려의 공격으로 괴롭힘을 당하던 백제는 왜와 화친을 맺고 도움을 청하면서 태자를 볼모로 보내게 되었습니다. 왜에 건너간 태자 전지는 왕실의 태자들에게 한학을 가르쳤어요. 어느 날 왜의 응신천왕이 백제에 전지보다 더 나은 박사가 있느냐고 물었고, 전지는 당시 학문과 인품이 높던 왕인을 말했답니다. 왜왕은 사신을 보내 왕인을 초청했고, 왕인은 태자의 귀국을 위해 자신이 일본 태자의 스승으로 가기로 결심하였습니다.

일본의 아스카 문화를 꽃피우다

유학과 한문학에 뛰어났던 왕인은 일본 왕의 두터운 신임을 받았고, 태자에게 글을 가르치는 스승이 되었습니다. 왕인 일행은 일본에 머무르는 동안 여러 가지 우수한 백제의 문화를 전파하였습니다. 백제의 전문 기술 전수는 일본의 고대 산업 발전에 큰 도움을 주었고, 나아가 건축, 조각, 회화의 기법 등 다양한 백제의 문화 양식은 일본의 아스카 문화에 큰 영향을 끼쳤습니다.

일본에 남아 있는 왕인의 유적

왕인뿐 아니라 왕인의 후손들도 대대로 일본에 살면서 학문과 역사를 기록하는 일을 맡아 왜의 문화 발전에 크게 기여하였답니다. 왕인에 대한 기록은 우리 역사책에는 없고, 일본의 역사책인 『고사기』와 『일본서기』에만 나와 있습니다. 한편, 오사카를 비롯한 일본 여러 곳에 왕인의 무덤 등 유적들이 남아 있으며 지금도 일본에서는 왕인을 학문의 시조로 높이 받들고 있답니다.

이런일 저런일

일본과 손잡은 백제

삼국 중 왜(일본)와 가장 활발한 교류를 가졌던 것은 백제입니다. 왜는 대륙의 선진 문물을 수입할 길을 확보하기 위해 백제와 외교 관계를 맺기 원했습니다. 백제도 신라와 대립하고 있는 처지라 신라를 견제하기 위해 왜와 손잡을 필요를 느꼈지요.
369년 백제의 마한 정벌 때 왜군은 바다를 건너와 백제를 도왔고, 백제의 승리에 큰 역할을 하였습니다. 이후 백제와 왜의 우호 관계는 점점 두터워져 갔습니다.

백제와 함께 스러져간 영웅
계백 (?~660년)

백제 말기의 장군. 황산벌에서 5천의 군사로 나당 연합군의 5만 군사와 맞서게 되었다. 나라가 망하는 마지막 순간까지 용감하게 싸우다 병사들과 함께 전사하였다.

"소년도 이렇듯 용감한데 장수는 어떠하랴!"
_5천의 군사로 5만의 군사와 맞서다 (660년)

백제의 운명이 걸린 황산벌 전투. 신라 군사들의 진영에서
누군가 혼자서 말을 타고 창을 휘두르며 달려나왔습니다.
그는 신라의 화랑 관창으로, 용감무쌍하게 싸우다가 사로잡혀
계백 장군 앞에 끌려왔습니다.
"저 자의 투구를 벗겨 보아라."
어린 소년의 얼굴이 드러나자, 계백 장군은 탄식을 하며 말했습니다.
"신라에는 기특한 무사가 많구나. 소년도 이렇게 용감하거늘
장수는 어떠하겠느냐."
계백 장군은 이 전투에 참가하기 전, 자신의 손으로
목숨을 거둔 어린 자식들이 눈앞에 떠올랐습니다.
"나는 이 전투에서 살아 돌아오지 못할 것이다.
포로로 잡혀 치욕스럽게 죽느니 떳떳한 죽음을 맞이하자."
계백 장군의 비장한 각오를 따라, 백제의 군사들
또한 목숨을 바쳐 싸우기로 굳게 다짐하고 나섰습니다.
그래서 백제의 군사 5천 명은 신라와 당나라의
연합군 5만 명을 상대로 싸워 네 차례나 승리를 거두었습니다.

죽기를 각오하고 전쟁터로 향하다

660년, 신라의 김유신과 당나라의 소정방은 백제의 가장 중요한 요충지인 탄현과 백강을 넘어 백제 땅 깊숙이 쳐들어왔습니다. 5만 명이 넘는 이들 군사와 맞선 백제의 군사는 고작 결사대 5천 명이었습니다.
열 배도 넘는 군사와 싸워야 하는 불리한 상황이었지요. 계백 장군은 전투가 시작되기 전, 자신은 전쟁터에서 싸우다 죽기로 결심했습니다. 그리고 백제가 멸망하면 사랑하는 가족이 포로가 되어 수치를 당할 것을 염려하여, 구차하게 목숨을 이어가느니 차라리 죽는 게 낫다고 생각했습니다. 결국 계백 장군은 자신의 손으로 가족들의 목숨을 거두고 비장하게 전쟁터로 향했습니다.

군사들의 사기를 북돋우다

계백 장군은 '황산벌'이라는 곳에서 신라와 당나라의 연합군을 맞이하였습니다. 전투가 시작되기 전, 계백 장군은 5천의 백제 군사들에게 위엄 있는 목소리로 말했습니다.
"옛날 중국의 월왕은 5천의 군사로 오나라의 70만 대군을 물리친 적이 있다. 오늘 우리는 각자가 용기를 내어 기필코 승리하여 나라의 은혜에 보답해야 한다."
결사대를 자처한 백제군은 목숨을 아끼지 않고 나아가 처절한 전투를 벌였습니다.

5천의 군사로 5만의 군사와 맞서다

5만 명이 넘는 군사와 맞선 백제의 군사는 고작 결사대 5천 명뿐이었지만 나당 연합군은 백제의 군사들을 쉽게 이길 수 없었습니다.
계백 장군은 군사를 세 갈래로 배치해 적군을 흩어지게 유인하면서 주변의 지리적 정세를 적절하게 이용해 네 번의 싸움에 승리를 거두었습니다.

나당 연합군에게 무너지다

계백의 뛰어난 지략과 백제 결사대의 목숨을 건 항쟁으로 네 번을 패배한 신라군은 화랑 관창의 죽음을 계기로 드디어 전세를 역전시키게 됩니다. 홀로 적진에 뛰어들어가 수많은 적들을 무찌르고 끝내 붙잡혀 죽는 관창을 지켜본 신라 군사들은 비장한 각오로 마음을 가다듬고 용감하게 백제군을 공격하였습니다. 마침내 백제의 마지막 계백 장군도 전사하였으며, 이 전투의 패배로 고구려와 함께 삼국 시대 한반도의 강력한 힘을 자랑하던 백제는 멸망의 길로 떨어지게 됩니다.

이런일 저런일

한강을 차지하기 위한 세력 다툼

삼국 시대에 한강 유역은 여러 모로 한반도에서 가장 중요한 지역이었습니다. 땅이 기름져서 살기 좋을 뿐 아니라 중국의 선진 문물을 받아들이는 통로이기 때문입니다.
500여 년 동안 한강 지역을 차지하고 있던 백제는 신라 진흥왕에게 중요한 땅을 대부분 빼앗기고 말았습니다. 이에 백제는 북으로는 고구려, 남으로는 일본과 손잡고 다시 신라를 공격하기 시작했답니다. 이에 다급해진 신라는 당나라에 구원을 요청하였고, 나당 연합군을 구성하여 백제에 맞서게 됩니다.

백제의 마지막 영웅 계백

삼국 통일을 이룩한 신라의 명장
김유신 (595년 ~ 673년)

신라의 장군. 고구려, 백제, 신라가 끊임없이 세력 다툼을 하던 595년, 몰락한 가야 왕족의 후손 김서현의 아들로 태어났다. 무열왕이 된 김춘추와 힘을 합해 삼국 통일에 큰 공을 세웠다.

"자, 다시 싸움터로 가자!"
_삼국 통일의 큰 뜻을 품고 적들의 공격을 물리치다 (645년)

"가족들도 보지 못하고 다시 싸움터로 향하다니 정말 너무하는 거 아니야."
김유신이 이끄는 신라군은 백제군과 싸워 큰 승리를 거두고 서라벌에 돌아왔습니다.
그러나 잇따른 백제의 공격으로 휴식은커녕 그리운 가족들을 만나보지도 못한 채
다시 싸움터로 나가야 했습니다.
김유신 또한 자신의 집 앞을 그대로 지나쳤습니다.
그리고 50걸음쯤 갔을까. 김유신은 말을 멈추고는 종에게 집으로 뛰어가서
물 한 사발을 가져오게 하였습니다.
"우리 집 물맛이 예전 그대로구나!"
그리고는 다시 말을 몰아 전선으로 향했습니다.
"대장군이 이렇게까지 하시는데 어찌 우리들이 가족과 떨어져 있는 것을 불평하고 있겠는가!"
이런 대장군의 행동은 군사들을 감동시켰고, 신라군은 다시 사기를 높여
백제군을 크게 무찌를 수 있었습니다.

화랑도의 최고 영예, 국선 화랑이 되다

김유신은 15세에 화랑이 되었습니다.
화랑이란 신라에서 벼슬 높은 귀족이나 이름난 장군의 아들 중에서 뽑은 소년들입니다.
그들을 따르며 학문과 무술을 연마하는 무리를 '화랑도'라고 합니다.
화랑도는 국선도, 풍류도라고도 불렀습니다.
김유신은 화랑도에서 뛰어난 무예를 바탕으로 우두머리인 수좌가 되었고, 18세에는 화랑의 최고 영예라 할 수 있는 국선 화랑이 되었습니다.

고구려에 붙잡힌 김춘추를 구해내다

김유신과 김춘추는 절친한 친구였어요. 어느 날, 김춘추는 백제의 계속되는 공격에 대응하고자 고구려에 원병을 청하러 갔다가 오히려 붙잡혀 인질이 되고 말았습니다. 유신은 곧바로 고구려군을 공격해 고구려 보장왕의 아우 패양후를 사로잡았답니다. 그리고 그를 돌려보내는 조건으로 김춘추를 돌아오게 하였습니다. 이로써 김유신과 김춘추의 우정은 더욱 두터워졌고, 유신은 훗날 왕족인 김춘추를 태종 무열왕으로 세우는 데 큰 도움을 주었습니다.

마침내 삼국 통일을 이루다

김유신은 잇따른 백제의 공격을 막아내었고, 황산벌 전투에서 백제의 명장 계백으로부터 승리를 거두어 백제를 멸망시켰습니다. 또한 당나라와 연합하여 막강한 고구려를 물리쳤으며, 나아가 한반도를 침략하려던 당나라를 몰아내는 데에도 큰 공을 세웠습니다.

아들에게도 엄격했던 아버지

전쟁이 끝난 뒤에도 당나라는 계속 한반도에 세력을 뻗치고자 하였습니다. 당나라가 석문성을 공격해 왔을 때입니다. 김유신의 셋째 아들인 원술이 싸움에 패배하고 가까스로 목숨을 건져 돌아왔습니다. 그러자 김유신은 "왕명을 욕되게 하고 가문을 더럽혔다."며 아들의 목을 치려고 했습니다. 왕의 만류로 죽이지는 않았지만, 원술을 용서하지 않았습니다. 그 뒤로 원술은 산 속에 숨어 살았고, 당나라가 소천성에 침입했을 때 나아가 싸워 큰 공을 세웠습니다. 왕이 벼슬을 내렸지만 원술은 부모에게 용서받지 못한 것을 부끄럽게 여겨, 끝내 가문을 떠나 살았답니다.

삼국 통일 당시의 동아시아 속사정

백제에서는 의자왕이 왕위에 올라 왜와 동맹을 맺고 고구려와 신라를 넘보고 있었어요. 고구려에서는 연개소문이 보장왕을 왕위에 세운 뒤 막강한 힘을 과시하였지요. 신라는 주변에 흩어져 나라를 이루고 있던 6가야를 통합하고 약소국에서 강대국으로 발돋움하고 있었습니다. 중국 대륙에서는 중국을 통일했던 수나라가 고구려 2차 원정의 패배로 힘이 약해지자 이세민이란 인물이 아버지와 함께 당나라를 세우고 새로운 지배자로 등장했어요. 이에 신라는 당나라의 힘을 빌어 한반도의 삼국 통일을 꿈꾸게 됩니다.

삼국 통일을 이룩한 김유신

석굴암을 지은 신라 제일의 건축가
김대성 (700년~774년)

통일 신라 시대의 대신. 신라가 찬란한 문화를 꽃피우던 시절에 태어나 '중시'라는 벼슬에 올랐다. 유네스코의 세계 문화 유산으로 지정된 불국사와 석불사를 지었다.

"부모님을 위해, 그리고 신라의 모든 중생을 위해"
_불국사와 석굴암을 창건하다 (751년)

토함산으로 향하는 김대성의 발걸음이 가볍습니다.
아직 완성되지 않았지만 토함산 입구의 불국사, 저 멀리 산기슭에 보이는 석불사의 모습이
대성의 마음을 설레게 하였습니다.
불국사는 나라에서 가장 뛰어난 목수들과 석공들이 모여 짓는 최고의 절이었답니다.
건물을 세우고 탑을 만들고 절의 계단을 다듬고 있는 장인들과 이야기하던 대성은
문득 불국사를 짓게 만든 지난날의 꿈이 떠올랐습니다. 곰을 사냥하여 죽인 날 밤,
대성의 꿈에 그 곰이 귀신이 되어 나타났거든요.
"네가 어찌하여 나를 죽였더란 말이냐. 내 꼭 다시 태어나 너를 잡아먹고 말겠다."
"목숨만 살려 주시면 무엇이든 다 하겠습니다."
"그러면 나를 위해 절을 짓고 부처님께 빌어 줄 수 있겠느냐?"
"네. 그렇게 하겠습니다."
꿈에서 깬 대성은 함부로 살생을 하고 호기를 부리며 살아온 자신의 잘못을 뉘우쳤고,
부처님의 가르침을 깨달아 토함산에 불국사와 석굴암을 짓게 되었습니다.

신라 최고의 벼슬에 오르다

김대성은 신라의 재상 김문량의 아들로 태어났습니다. 어려서부터 영특하고 부모님께 효성이 지극했던 대성은 아버지의 뒤를 이어 집사부의 중시라는 벼슬에 올라 나라와 임금을 위해 일하였습니다. 집사부는 신라의 최고 행정 기관이었고, 중시는 그 기관을 책임지는 장관으로 두었던 높은 벼슬이었답니다.

불국사와 석불사를 창건하다

높은 벼슬을 하며 편안히 살던 김대성은 어느 날, 사냥으로 생명을 함부로 죽이고 가난하고 불쌍한 사람들을 생각하지 않았던 자신의 잘못을 크게 깨달았습니다. 대성은 벼슬을 그만두고 부모님과 세상 사람들을 위해 절을 짓기로 했어요. 불국사와 석불사가 바로 그 절이랍니다. 석불사는 지금의 석굴암이지요. 안타깝게도 김대성은 절이 완성되는 것을 보지 못하였고, 그가 죽은 뒤 나라에서 완성하였습니다.

세계 문화 유산으로 지정된 걸작품

불국사와 석굴암은 심오한 불교 사상과 천재 예술가의 혼이 담긴 아름답고 신비로운 건축물로, 세계적으로도 그 우수성을 인정받는 우리 민족의 소중한 문화 유산입니다. 유네스코가 정한 세계 문화 유산으로도 등록되어 있지요. 불국사 안에 있는 석가탑과 다보탑, 연화교, 칠보교, 청운교, 백운교, 금동비로자나불좌상, 금동아미타여래좌상 등은 모두 국보로 지정되어 있어요.

이런일 저런일

문화와 예술을 꽃피운 통일 신라

김대성이 불국사와 석굴암을 창건할 당시는 신라가 삼국을 통일한 뒤 강한 국력을 바탕으로 여러 가지 문화를 꽃피우며 전성기를 맞이한 때였습니다. 삼국을 통일한 초기의 신라는 당나라와 또 한 번 전쟁을 치르느라 혼란을 겪었지만, 676년 고구려와 백제 유민들의 도움으로 당나라를 완전히 몰아낸 뒤로는 평안을 되찾았답니다.
안정된 사회 분위기 속에서 문화와 예술이 크게 발달했으며, 특히 국교로 삼은 불교를 기반으로 하여 건축과 예술에서 눈부신 업적을 이루었습니다.

아시아의 바다를 지배한 해상왕
장보고 (?~846년)

통일 신라 시대의 상인이자 청해진 대사. 해상 요충지인 완도에 청해진을 세우고 해적들을 소탕한 뒤 강력한 군사력을 바탕으로 주변 해상 무역을 장악하였다.

"노예로 팔려오는 동포들을 두고 볼 수는 없다!"
_동포를 위해 당나라에서 귀국하다 (828년)

"정연, 저 신라인들이 왜 노비로 팔려온 거지?"
젊은 시절 당나라로 건너와 군에 입대해 큰 공을 세우고 군중 소장이라는 벼슬까지 오른 장보고와 친구 정연은 우연히 시장에서 매매되고 있는 노비들을 보게 되었습니다.
"해적들에게 잡혀와 노비로 팔려 가는 것이라네."
"뭐라고? 아니, 그게 사실인가?"
동포들의 안타까운 모습을 보고 있던 장보고는 친구에게 말했습니다.
"이보게 정연, 나는 귀국을 해야겠네. 가슴이 끓어올라 가만 있을 수가 없네. 우리 동포들이 이런 고통을 겪고 있는데 나만 혼자 출세하겠다고 이곳에 있을 수는 없지 않은가."
그 길로 장보고는 귀국길에 올랐습니다. 그리고 신라 흥덕왕에게 이 사실을 보고하고 백성들을 해적들로부터 보호하기 위해 청해진을 설치하였습니다.

신라에 돌아와 청해진을 설치하다

"중국 어디를 가나 신라인 노비가 없는 곳이 없을 정도입니다. 청해(전라남도 완도)에 진을 설치하여 해적들이 신라인들을 잡아가지 못하게 해야 합니다."
장보고는 귀국한 뒤 임금인 흥덕왕을 뵙고 이같이 청하였습니다. 청해는 당시 바닷길의 중심지로, 무역선은 물론 해적들도 무수히 드나드는 중요한 길목이었어요. 왕은 1만 군사를 내주었고, 장보고는 그곳에 성을 쌓고 군사들을 훈련시켜 해적들을 모조리 무찔렀습니다.

바다의 패권을 차지하다

장보고가 이끄는 군사들은 무적 함대였어요. 또한 청해진은 최대의 요새가 되었지요. 장보고는 바다의 무법자 해적들을 완전히 소탕하였고, 이후 신라인들이 노예로 팔려가는 일은 자취를 감추었습니다. 장보고는 중국 산둥성에 '신라원'이라는 절을 지어 당나라에 사는 신라인들의 정신적 안식처를 마련해 주기도 했답니다.

아시아 해상 무역의 주인공이 되다

장보고는 해상 무역에도 관심이 많았습니다. 신라에서 나는 고급 비단과 금은 세공품을 외국으로 수출하고, 외국에서 신라 귀족들이 좋아하는 향료와 갖가지 진귀한 물건들을 들여와 무역 활동을 크게 벌였답니다. 청해진은 국제 무역항으로 발달하였고, 당나라와 일본뿐 아니라 멀리 아라비아, 페르시아, 동남아시아 지역의 무역품까지 거래되어 신라에 큰 이익을 가져다 주었습니다.

장보고의 업적

1. 동북아시아의 바닷길을 개척하였다.
2. 청해진을 중심으로 해상 무역을 크게 일으켰다.
3. 동아시아에서 처음으로 우리 민족이 중심이 되어 해상 질서를 유지하였다.

이런일 저런일

어수선한 통일 신라 말기

장보고가 큰 뜻을 세우고 당나라로 건너갈 때는 통일 신라 시대 말기로, 현덕왕이 나라를 다스리고 있었습니다. 신라는 계속되는 흉년과 사회 혼란으로 백성들이 먹고 살기조차 어려웠습니다. 수도 서라벌에서는 왕위 계승 다툼이 끊이지 않았고, 귀족들은 저마다 힘을 길러 백성들에게 무리한 부역을 시키고 세금을 거두어 갔습니다. 살기 힘들어진 백성들이 고국을 버리고 일본이나 중국 당나라로 이주하는 일도 점점 늘어났습니다.
이렇듯 나라의 힘이 약해진 틈을 타 남해안에는 왜구의 노략질이 들끓었지만 장보고가 나타나기 전에는 아무런 방어도 할 수 없었답니다.

바다를 지배한 해상왕 장보고

만주 땅을 되찾은 발해의 시조
대조영 (?~719년)

668년 고구려는 신라와 당나라의 연합군에게 멸망하였다. 대조영은 고구려와 말갈의 유민들을 모아 옛 고구려 땅인 만주에 나라를 세우고 이름을 '진'이라 했다.

"고구려 대제국의 모습을 다시 찾겠노라!"
_만주 동모산에 새로운 나라 '진'을 세우다 (699년)

고구려가 망한 뒤, 당나라는 만주 지역에 살던 고구려 백성들을 요하 서쪽으로 옮겨 살게 했어요.
대조영도 가족들과 함께 고향을 떠나게 되었답니다. 대조영은 말갈족의 추장 걸사비우와 함께
고구려 유민과 말갈족을 이끌고 나와 동모산에 성을 쌓고 새로운 나라 '진'을 세웠습니다.
"나는 고구려의 후손이다! 고구려 대제국의 정신을 계승하는 나라를 세워
이 넓은 땅을 다시 우리 것으로 만들겠노라!"
대조영의 말처럼 진나라는 고구려의 옛 땅을 대부분 되찾았습니다.
그리고 당나라와 친교를 맺은 713년에는 나라 이름을 '발해'로 바꾸었습니다.

강제로 고향에서 쫓겨 나다

668년 고구려가 망한 뒤 당나라는 옛 고구려 땅의 통치를 강화하기 위해 그곳에 살던 고구려 유민들을 중원 지방과 영주 일대로 옮겨 살게 하였습니다. 고구려 유민들이 힘을 모으지 못하게 하려는 것이었지요. 남의 나라 땅에 가서 살게 된 고구려 사람들은 비참한 삶을 살았습니다. 대조영 역시 살던 곳에서 쫓겨나 낯선 곳으로 옮겨 갔고 힘들게 생활하였습니다. 그러나 고구려의 후손임을 자랑스럽게 여겼고, 고구려 사람들이 큰 설움과 고통을 당하고 사는 것을 안타까워하며 점차 큰 뜻을 품게 되었습니다.

고구려 유민과 말갈족을 이끌고 탈출하다

당나라 지배층의 억압으로 영주 일대의 여러 종족들은 당나라에 큰 반감을 품게 되었고, 결국 이진충이란 인물이 주도한 거란족의 반란으로 영주 지방은 혼란에 빠지게 되었습니다. 대조영도 아버지 대걸걸중상과 말갈족의 추장 걸사비우와 함께 이 반란에 참가하였는데 이진충의 난은 실패하고 말았습니다. 그러나 대조영과 걸사비우는 이 혼란한 틈을 이용해 고구려 유민과 말갈족을 이끌고 영주를 탈출하였습니다.

추격해 오는 당나라 군사들을 격파하다

거란족의 반란을 진압한 당나라는 곧바로 대조영이 이끄는 무리를 추격해 왔습니다. 당나라 군사들과 맞서 말갈족의 추장 걸사비우가 전투를 벌였으나 크게 패하였고, 걸사비우도 그만 죽고 말았어요. 이에 대조영은 흐트러진 말갈족을 모으고 고구려 유민들과 함께 천문령이란 곳에 숨어 있다가, 추격해오는 당나라 대군을 공격해 거의 전멸시켰습니다.

동모산에 성을 쌓고 진나라를 세우다

천문령에서 당나라 대군을 물리친 대조영은 세력을 이끌고 동부 만주 쪽으로 이동해 동모산(지금의 중국 지린성 돈화현)에 성을 쌓고 '진'이란 나라를 세웠습니다. 대조영은 진나라가 고구려를 계승한 나라임을 분명히 하였고, 고구려의 옛 땅을 거의 되찾았습니다. 당나라는 막강해진 진나라를 어쩔 수 없이 '발해'라고 부르며 대조영을 왕으로 책봉하여 나라로 인정하였답니다. 발해는 고구려 문화를 바탕으로 당나라의 앞선 제도를 받아들여 나라를 크게 일으켰습니다. 당나라가 '해동성국(바다 동쪽에 있는 강성한 나라)'이라 부를 정도로 문물을 발전시키고 영토를 넓혀 나간 발해는 동북 아시아의 강국으로 성장하였습니다.

이런일 저런일

신라와 당나라의 세력이 미치지 못한 지역

대조영이 발해를 세우기 전, 고구려의 옛 땅인 만주 일대는 당나라가 장악하고 있었습니다. 고구려가 멸망한 뒤 고구려의 영토는 신라가 다스리는 곳도 있었으나 대부분 당나라의 지배를 받는 처지였답니다. 대조영이 고구려의 유민을 이끌고 나라를 세운 한반도 북동부 지역과 만주 지역은 당시 당나라와 신라의 힘이 미치지 못하던 지역이었어요. 그곳에서 대조영의 무리가 강력한 중심 세력으로 떠오르자 고구려 유민은 물론 주변의 많은 이들이 모여들었고, 대조영은 이들과 힘을 합해 고구려를 잇는 새로운 나라 발해를 세울 수 있었습니다.

발해의 시조 대조영

고려 시대

천 년을 이어온 신라가 그 기운을 다하게 되자, 새로운 나라를 세우기 위해 후고구려와 후백제가 일어났습니다. 이들은 신라에 대항하는 세력을 키우며 후삼국 시대를 열었습니다. 마침내 왕건이라는 인물을 중심으로 한반도에 새로운 통일 국가가 세워졌는데, 이 나라가 바로 고려입니다. 고려는 고구려의 진취적인 기상과 잃었던 옛 땅을 되찾기 위해 힘을 기울였지만 거란과 여진, 몽고족의 침입을 받아 큰 어려움을 겪기도 했습니다. 새로운 통일 국가를 세우고 나라의 어려운 형편을 극복하는 데 큰 역할을 한 이 시대의 대표 인물들은 과연 누구일까요? 그리고 이들의 용기와 지혜는 어떤 역사의 장면을 그려냈을까요?

후삼국을 통일한 고려의 태조
왕건 (877년~943년)

고려 제1대 왕. 호족인 왕융의 아들로 태어나, 아버지를 따라 궁예의 부하가 되었다. 후고구려를 세우는 데 공을 세우며 세력을 키워 나갔고, 왕으로 추대되어 '고려'를 세웠다.

"후…후세의 왕들은 알아두어야 하느니라…."

"역사서를 널리 읽어 옛일을 교훈 삼아야 되는 것을…."

"옛일을 교훈 삼아 지혜롭게 나라를 다스리라"
_앞으로의 왕들을 위해 유언으로 훈요십조를 남기다 (943년)

"박술희, 적을 준비가 되었느냐?"
"예. 폐하."
태조 왕건은 힘겹게 몸을 일으켰습니다. 그리고 고려를 세우기 위해 자신의 곁에서 평생을 함께해 온 박술희 장군에게 말했습니다.
"이 말은 유언과도 같은 것이다. 후대의 왕들은 나의 당부를 깊이 새기도록 하여라. 첫째, 고려는 부처님의 도움을 받아 세운 나라이므로……."
병으로 죽음을 앞두고 있는 왕건은 힘들게 말을 이어 갔습니다. 이것이 바로, 후대의 왕들이 나라를 다스리는 데 새겨야 할 것들을 10가지로 요약한 '훈요십조' 입니다.
'왕위는 원칙적으로 적자·적손에게 계승하여야 한다.'
'경전과 역사서를 널리 읽어 옛일을 교훈 삼아야 한다.'

아하! 그렇구나

궁예를 도와 후고구려를 세우다

신라 말기, 송악(개경)의 호족이었던 왕건의 아버지 왕융은 중부 지방에서 세력을 떨치고 있던 궁예의 신하로 들어가며 아들 왕건을 송악 성주로 추천하였습니다. 왕건으로 하여금 송악 지역의 세력 기반을 그대로 유지하게 하려는 것이었지요.
그 후 왕건은 궁예를 도와 전라도 지방의 가장 큰 세력이었던 양길을 격파하여 후고구려가 힘을 키우는 데 큰 역할을 하였습니다.

궁예를 쫓아내고 고려를 세우다

나라의 힘이 강해질수록 궁예의 오만함과 난폭함이 점점 심해지자 홍유, 배현경, 복지겸, 신숭겸 등의 대신들은 왕건을 새 왕으로 추대하였습니다. 왕건은 대신들과 함께 918년 6월 군사를 일으켜 궁예를 몰아내고 왕위에 올랐답니다. 왕위에 오른 왕건은 국호를 '고려'로 정하고 도읍을 송악으로 옮겨 왕권을 강화하고 민심을 모아 나갔습니다.

신라의 항복을 받고 후백제를 무찌르다

궁예를 몰아내고 왕위에 올라 고려를 세운 왕건은 그 후 여러 지방의 호족들을 연합하여 힘을 키웠습니다. 또한 막강한 군사력을 지녔던 백제와 여러 차례 치열한 전투를 벌여 승리를 거두었습니다. 왕건은 결국 후백제 2대 왕 신검을 물리쳤고, 신라 경순왕의 항복을 받아 외세의 도움 없이 자주적으로 새로운 통일 국가를 이루었습니다.

후삼국 통일을 위한 후백제와의 전투

1 **대야성 전투**(927년 4월~7월) 왕건, 고려군의 수륙 양면 작전으로 후백제의 왕 견훤이 가장 아끼던 전력의 요지 대야성을 빼앗음.

2 **공산 전투**(927년 9월) 견훤, 대구의 북동쪽 공산에서 왕건의 군사들을 포위하여 공격함. 김락과 신숭겸 장군은 죽고, 왕건은 신숭겸 장군의 옷을 바꿔 입고 적진을 탈출하여 목숨을 건짐.

3 **고창 전투**(929년 7월~930년 1월) 왕건, 유금필의 도움으로 고창군에서 후백제의 군사들을 물리침.

4 **운주 전투**(934년 9월) 왕건, 군사들을 이끌고 운주성을 공격하여 승리함. 견훤, 아끼는 부하를 잃고 왕위에서 물러나기로 함.

5 **일리천 전투**(936년 6월) 왕건, 경상북도 선산의 작은 하천인 일리천에서 견훤의 아들 신검의 1만 명의 군사들을 물리치고 승리를 거둠. 삼국 통일을 위한 최후의 전투.

이런일 저런일

통일 신라 이후의 후삼국 시대

천 년을 이어오며 영화를 누리던 신라는 왕권이 약해지고 중앙 귀족이 부패하면서 큰 혼란에 빠져들었습니다. 곳곳에서 농민들이 반란을 일으켰고, 이를 계기로 새로운 세력 집단이 생겨났습니다. 전라도 지방에서는 견훤이 후백제를 세웠고, 강원도 북부와 황해도, 경기도 지역을 장악한 궁예는 고구려를 계승하는 마진국을 세웠습니다. 경상도만을 가까스로 지키고 있는 신라와 함께 3국이 세력을 떨치던 이때를 후삼국 시대라고 합니다. 이후 궁예의 폭정으로 왕에 추대된 왕건은 궁예를 몰아내고 나라의 이름을 '고려'라 하며 후삼국을 통일하였습니다.

고려를 세운 왕건

한마디 말로 거란을 물리친 외교관
서희 (942년~998년)

고려 시대 외교가. 거란의 침입 때 적장인 소손녕과 담판하여 조리 있는 말과 당당한 태도로 설득에 성공했다. 여진을 몰아내고 강동 6주를 쌓아 압록강까지 국토를 넓혔다.

"뜰에서 절하는 것은 신하가 임금에게 하는 것이오"
_거란의 진영에서 장수 소손녕과 담판을 짓다 (993년)

서희는 고려를 침략해온 거란과 협상하기 위해 홀로 적의 군영으로 걸음을 옮겼습니다.
거란의 장수 소손녕은 서희에게 뜰에서 절을 하고 들어올 것을 요구했어요.
중국의 새로운 강자로 떠오른 거란에 예의를 갖추라는 것이었지요.
"뜰에서 절을 하는 것은 신하가 임금에게만 하는 것이오.
나는 협상을 하기 위해 이곳에 온 것을 모르시오?"
서희는 적진이지만 단호하게 소손녕의 요구를 거절하였고, 끝까지 당당하게 맞섰습니다.
서희의 당당한 자세와 품위에 기세가 꺾인 소손녕은 결국 서로 대등한 입장에서
담판하기로 하였습니다. 서희는 소손녕의 요구를 듣고 조리있는 말솜씨로
조목조목 따져 물으며 현명한 답변을 내놓았습니다.
서희의 주장을 반박할 수 없었던 소손녕은 그대로 거란의 왕에게 전했고,
거란의 왕도 서희의 주장을 인정하여 고려에서 군사를 철수하라고 명령하였습니다.

# 아하! 그렇구나

여진족을 몰아내고 강동6주를 설치하다

거란의 소손녕과 당당하게 담판에서 승리한 서희는 그 후 '평장사'라는 벼슬에 올랐습니다. 그 자리에 있었던 3년 동안 압록강 동쪽에 있던 여진족을 몰아내었고, 그 지역에 강동 6주를 설치하였습니다. 이때 처음으로 고려의 영토가 압록강 지역까지 올라가게 되었답니다.

서희와 소손녕의 담판 내용

1. **소손녕의 주장**: 고려는 신라 땅에서 일어난 나라인데 거란이 소유하고 있는 옛 고구려의 땅을 침범하고 있다. 땅을 떼어 바치고 거란을 섬기면 무사할 것이다
   서희의 주장: 고려는 고구려의 옛 터전을 이어받아 나라 이름을 '고려'라 하고 평양을 도읍으로 삼았다. 따지고 보면 현재 거란의 도읍 동경도 옛 고구려의 영토에 있으니 고려의 땅이다.
2. **소손녕의 주장**: 고려는 거란과 땅을 접하고 있으면서도 바다 건너 송나라를 섬기고 있다.
   서희의 주장: 거란과 교류하지 못한 것은 압록강 유역에 여진이 가로막고 있어서였다. 거란과 고려가 힘을 합해 압록강 유역의 여진을 평정하자.
❖ **담판 결과**: 소손녕은 서희의 논리적인 답변에 반론을 제기하지 못했고, 결국 군사를 되돌려 거란으로 돌아갔다. 또한 고려가 압록강 동쪽의 땅을 개척하는 데 동의하였다.

서희와 소손녕의 회담 엿보기

고려 최고의 외교관 서희

별무반을 조직해 여진을 정벌한 장군
윤관 (?~1111년)

고려 시대의 대신, 장군. 여진족의 침입이 계속되자 '별무반'이라는 빠르고 강한 기병 특수 부대를 만들어 여진을 크게 무찌르고 9성을 쌓아 국경을 튼튼히 하였다.

"우리는 여진 잡는 특수 부대 별무반이다!"
_여진 정벌을 위해 별무반을 조직하다 (1104년)

여진족을 정벌하러 나갔던 윤관 장군은 날쌘 말을 타고 빠르게 돌진하는 여진의 기병들에게 패배하고 말았습니다. 개경으로 돌아온 윤관은 숙종 임금께 아뢰었습니다.
"적들은 기병을 중심으로 한 막강한 군사력을 갖추고 있어, 우리 보병으로는 날쌘 여진의 기병들을 당해낼 수가 없습니다. 전력을 키우고 우리도 기병을 훈련시켜야 합니다."
임금님은 윤관의 건의를 받아들였고, 윤관은 특별 부대 '별무반'을 만들었습니다.
기병대인 신기군과 보병 부대인 신보군, 그리고 승려들이 중심이 되어 화공과 파괴를 전문으로 하는 항마군으로 구성한 특별 부대였습니다.
"우리들은 여진 잡는 특수 부대 별무반이다."
별무반은 고된 훈련으로 막강한 전력을 갖춘 뒤, 여진족을 완전히 격파하였습니다.
윤관은 여진족이 물러간 땅에 9성을 쌓고 남쪽 지방의 백성들을 옮겨와 살게 했답니다.

이런일 저런일

여진족의 통일 국가 등장

거란과 30년에 걸친 전쟁이 끝나고 평화가 찾아올 무렵, 고려를 부모의 나라로 섬기던 여진족이 점점 세력이 커져 고려의 국경을 위협하기 시작했어요. 윤관의 별무반에 패배하였다가 9성을 돌려 받게 된 여진은 아구타를 중심으로 다시 힘을 길러 1125년에는 금나라를 세웠답니다. 중국 북부 지역을 차지하며 나라의 힘이 더욱 강해진 금나라는 고려와 화친을 맺었고, 그 뒤에는 송나라까지 무너뜨리고 말았습니다.

거란을 물리친 귀주대첩의 주인공
강감찬 (948년 ~ 1031년)

고려 때의 대신, 장군. 키가 작고 못생겼으나 지혜롭고 용맹스러워 나라가 어려울 때마다 큰 공을 세웠다. 귀주대첩에서 뛰어난 전략으로 거란을 크게 물리쳤다.

"다시는 우리 땅을 넘보지 못하게 하리라"
_귀주에서 거란의 대군을 무찌르다 (1018년)

'홍화진에서 한번 혼쭐이 났을 터, 이제 귀주에서 박살을 내자!'
1010년 거란의 왕 성종이 40만 대군을 이끌고 고려를 침입하자 고려 조정의 신하들은
모두 항복을 건의하였습니다. 그러나 한 사람만은 끝까지 항복을 반대했지요.
바로 강감찬 장군이었습니다.
강감찬은 홍화진으로 적군이 지날 것을 예상해 군사를 숨겨 놓고, 쇠가죽을 밧줄에 꿰어
흐르는 물을 막고 적군을 기다렸습니다. 예상대로 거란군은 물이 얕아진 홍화진을 건너기
시작했고, 고려군은 막아둔 강물을 터뜨려 강을 건너는 적군을 크게 무찔렀습니다.
그리고 쫓기듯 이동하는 거란군을 귀주에서 완전히 전멸시켰습니다.
이것이 바로 강감찬의 뛰어난 전략으로 거란의 침입을 막아낸 귀주대첩입니다.

거란의 10만 대군을 물귀신으로 만들다

강동 6주의 반환을 요구하던 거란은 고려가 이를 거절하자 1018년, 10만 대군을 이끌고 다시 고려를 침략해 왔어요. 거란의 침입에 대비해 만반의 준비를 해 온 강감찬은 흥화진 동쪽 골짜기에 기마병 1만 2천 명을 숨어 있게 해놓고 큰 밧줄에 쇠가죽을 꿰어 강물을 막아 기다리게 하였어요.
드디어 거란의 대군이 나타나자 고려군은 막았던 강물을 터뜨려 적군을 크게 무찔렀습니다.

거란의 30년 침입을 끝내다

흥화진에서 엄청난 타격을 입은 거란의 장수 소배압은 남은 군사들을 이끌고 바로 개경으로 쳐들어갈 준비를 했어요. 그러나 강감찬은 자주와 신은현이란 곳에서 적들을 크게 무찔렀고, 도망치는 적군을 귀주에서 완전히 섬멸하였어요. 10만 군사 중에 살아 돌아간 사람은 수천 명뿐이었답니다. 흥화진과 귀주에서 거란을 크게 물리친 이 전투를 귀주대첩이라고 합니다.

국방을 튼튼히 하다

강감찬은 그 뒤로도 수도인 개경에 나성을 쌓기를 청해 국방을 튼튼히 하는 데 힘썼습니다. 이후 거란족의 요나라는 더 이상 고려를 괴롭히지 않았답니다.

이런일 저런일

거란, 여러 가지 구실로 고려를 침입하다

서희와의 담판으로 강동 6주를 고려에게 넘겨준 뒤 거란의 요나라는 세력을 더욱 키워 여러 가지 구실로 한반도를 침략해 왔어요. 고려에서 강조가 난을 일으켜 목종을 폐하고 현종을 세우자 이를 평계로 쳐들어왔으며, 강동 6주의 반환을 요구하며 소배압 장군을 앞세워 10만 대군을 이끌고 다시 고려를 침입하기도 했습니다. 이때마다 고려는 강감찬 장군의 지혜와 용맹으로 거란을 물리치고 무사히 나라를 지켜나갈 수 있었답니다.

귀주대첩의 주인공 강감찬

무명옷의 재료, 목화를 들여온 학자
문익점 (1331년 ~ 1400년)

원나라에 사신으로 갔다가 목화씨를 숨겨 가지고 돌아왔다. 3년간의 노력 끝에 목화 재배에 성공하였고, 전국에 목화를 보급했다. 이로 인해 백성들의 의생활에 큰 변화가 일어났다.

'그래, 목화씨! 저 솜 안에 든
목화씨만 가지고 돌아간다면…'

_원나라에서 목화씨를 가져오다 (1364년)

문익점이 중국 원나라에 사신으로 가 있을 때입니다. 당시 중국 사람들은 고려에서는 볼 수 없는 무명옷을 입고 있었습니다.
"옷이 무척 따뜻해 보이는데 그 옷이 무슨 옷입니까?"
가을이 왔습니다. 문익점은 중국 선비를 따라 목화밭을 구경하러 나섰습니다.
그리고 목화밭을 보며 결심했습니다.
'어떻게든 목화씨를 가져가 우리 백성들도 따뜻한 옷을 입게 해야지.'

목화씨를 몰래 가져 오다

문익점은 따뜻한 옷을 해 입을 수 있는 목화를 고려로 들여오고 싶었습니다. 그러나 원나라는 목화씨와 그 재배 방법이 외국으로 전해지는 것을 엄격히 금지하고 있었습니다. 무슨 방법이 없을까 골똘히 궁리하던 문익점은 목화씨 몇 개를 붓대 속에 숨겨 몰래 가지고 돌아왔습니다. 국경에서는 원나라의 병사들이 고구려 사신들의 짐을 샅샅이 뒤지며 검사한 뒤 보냈습니다. 들통나면 큰일이 났을 것인데, 백성들을 위해 위험을 무릅쓴 것입니다.

목화 재배에 성공하다

문익점은 목화씨를 가지고 고향으로 내려갔고, 장인인 정천익과 함께 목화를 시험 재배하기 시작했습니다. 재배법도 모르고 중국과는 풍토도 기후도 다른 우리 나라에서 목화를 키우는 것이 쉬운 일은 아니었습니다. 처음에는 한 개만 어렵게 꽃을 피웠습니다.
그러나 3년째 되던 공민왕 16년에는 마을 사람들에게 두루 씨를 나누어 줄 정도로 큰 성공을 거두었고, 10년이 채 안 되어 전국에 목화씨를 보급할 수 있게 되었습니다.

물레 만드는 방법을 전국에 보급하다

문익점은 목화 재배에는 성공했지만 정작 목화씨를 골라내고 실을 뽑는 방법은 알지 못해 큰 고민이었습니다. 이때 원나라의 홍원이라는 승려가 씨를 빼는 씨아와 실을 뽑는 물레 만드는 방법을 가르쳐 주었고, 문익점은 목화 재배법과 함께 그 기술을 전국에 전파하였습니다.

목화씨로 변화된 사회

목화가 보급되기 전에는 귀족들만 비단을 사용했을 뿐 일반 백성들은 삼베, 모시 등의 옷감으로 옷을 만들어 입었답니다. 이런 옷감들은 너무 얇아 겨울에는 추위를 견디기 힘들었어요. 그에 비해 목화는 재배도 쉽고 옷감으로 만들기도 쉬운 편이었으며 무엇보다 보온 효과가 뛰어났답니다. 일반 백성들도 따뜻한 옷을 입을 수 있게 된 것이지요. 문익점이 목화씨를 들여와 시험 재배한 지 37년 만에 모든 백성들이 무명옷을 입게 되었습니다.

이런일 저런일

공민왕의 개혁 정책과 원나라의 간섭

문익점이 사신으로 원나라에 가던 당시는 고려에서 공민왕이 원나라의 간섭을 물리치고 개혁 정책을 펼치던 시기입니다. 공민왕은 원나라가 설치한 정동행성의 이문소를 없애고, 쌍성총관부를 공격하여 철령 이북 땅을 되찾기도 하였습니다. 이에 불만을 품은 원나라는 공민왕 12년(1363년), 고려에 홍건적이 침입해 국력이 약해진 틈을 타 공민왕을 폐하고, 원나라에 와 있던 충숙왕의 아우 덕흥군을 왕으로 책봉해 고려에 보냈습니다. 공교롭게도 문익점이 원나라에 사신으로 출발한 시기와 덕흥군이 고려로 출발한 시기가 같았답니다. 원나라는 최유에게 요동 군사 1만 명을 주어 덕흥군을 받들고 고려를 치게 하였는데, 평안도 정주까지 왔다가 최영과 이성계가 이끄는 고려군에게 패배하고 말았습니다.

따뜻한 겨울을 선물한 문익점

로켓을 쏘아올린 고려의 발명가
최무선 (?~1395년)

고려 시대의 발명가. 온갖 어려움 끝에 화약 제조법을 알아내고, 화약과 무기를 만들기 위해 나라에 화통도감 설치를 건의했다. 오늘날의 로켓에 해당하는 무기 등 많은 무기를 개발하였다.

'화약과 무기를 연구하고 개발하는 곳도 세워야지'
_화약과 무기를 만드는 화통도감을 설치하다 (1377년)

화통도감이 멀리 보이는 공터에 사람들이 모여들었습니다.
"자, 불을 붙여 보아라."
화살처럼 생겨서 끝에 둥근 통이 있는 새로운 무기에 불이 붙었습니다.
"퓨슝!"
화살처럼 생긴 무기는 눈 깜짝할 새에 멀리 세워 놓은 과녁물을 향해 날아갔습니다.
"성공이다. 성공이야!"
최무선과 함께 무기를 개발하던 사람들은 전부 박수를 치며 감격해했습니다.
이 무기는 '주화'라고 하는 것으로, 오늘날의 로켓포 같은 무기였습니다.
최무선은 나라에 화약과 무기를 연구할 수 있는 기관을 만들어 달라고
여러 번 건의하였고, 그 결과 화통도감이 설치되었습니다.
화통도감은 화약은 물론 주화 같은 뛰어난 무기들을 개발하여 왜구들의
전함을 격침시키고 전투를 승리로 이끄는 데 큰 역할을 하였습니다.

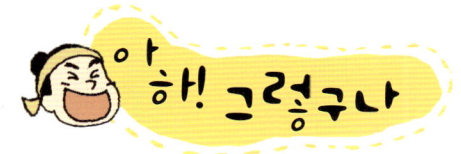

실패는 성공의 어머니

고려 말기 사람인 최무선은 시도 때도 없이 나타나 백성들을 괴롭히는 왜구를 무찌르기 위해 화약과 총을 만들기로 결심하였습니다.
그러나 아무리 열심히 연구해도 화약 제조는 번번이 실패로 돌아가고 말았어요. 화약을 만드는 데 필요한 세 가지 재료 즉, 초석·유황·분탄 중 가장 중요한 성분인 초석(염초) 만드는 법을 알지 못했기 때문이었지요.

화약을 만드는 데 성공을 거두다

초석 만들기에 실패한 최무선은 이미 화약을 만들어 사용하고 있는 중국에서 그 방법을 배우기로 하였습니다. 그는 중국인들이 많이 다니는 무역항 벽란도에 가서 초석 제조 방법을 아는 사람을 찾아다녔습니다. 그러던 중 이원이라는 원나라 사람을 만나게 되었습니다. 최무선은 그를 집으로 모셔와 극진히 대접하며 정성을 쏟았답니다. 화약을 만들어 왜구를 물리치고 백성을 편안히 살게 하겠다는 최무선의 집념과 열의는 이원을 감동시켰습니다. 결국 흙에서 초석을 추출하는 방법을 배울 수 있었고, 화약을 만드는 데 성공하였습니다.

화통도감을 설치해 뛰어난 무기들을 만들다

화약을 만드는 데 성공한 최무선은 나라에 화약과 무기를 만드는 전문 기관을 세워 달라고 여러 차례 건의하였어요. 나라에서는 그의 끈질긴 노력과 화약 개발의 공로를 인정하여 그의 뜻대로 '화통도감'을 설치하였습니다. 화통도감에서는 본격적으로 화약 무기 만드는 것을 연구하였고 대장군, 이장군, 삼장군, 육화석포, 화포, 신포, 화통 등의 총포류와 화전, 철령전, 피령전 따위의 발사물, 주화 같은 로켓 무기를 포함해 18가지 이상의 화약 무기를 만들어 내었습니다.

왜구의 배 500척을 격파하다

왜구들이 500여 척의 배를 이끌고 금강 하구의 진포로 쳐들어왔을 때였어요. 최무선은 부원수로 임명되어 전함에 화통도감에서 만든 각종 화약 무기들을 무장하고 나아가 왜구들의 배를 모조리 격파하였습니다. 화포와 화통, 질려포는 대단한 위력을 발휘하여 왜구들에게 큰 타격을 주었고, 로켓 형식의 유화, 주화, 촉전화 같은 무기들 역시 적진 깊숙이 파고들어 적의 배들을 온통 불바다로 만들어 버렸습니다.

이런일 저런일

고려 말, 홍건적과 왜구의 침략

공민왕은 몽고의 지배로 약해진 국력을 회복하고 자주적인 나라를 만들기 위해 여러 가지 개혁 정책을 폈습니다. 그러나 안타깝게도 북쪽에서는 홍건적이 쳐들어오고 남해안과 서해안에는 왜구가 침입해 노략질을 일삼는 통에 나라는 점점 어수선해지기만 했어요. 특히 왜구의 침입은 '내가 죽으면 용이 되어 왜적을 막아내겠다'는 신라 문무왕의 유언에서 알 수 있듯이 신라 때부터 이어져온 큰 골칫거리였답니다. 왜구들은 식량과 재물을 훔치는 것은 물론 사람까지 잡아다 노예로 팔아 넘기는 등 우리 백성들에게 큰 피해를 입혔습니다.

화약을 발명한 최무선

고려의 충신, 나라를 위한 한 마음
정몽주 (1337년~1392년)

고려 말의 학자. 학문과 외교에 능해 일본과 명나라에 사신으로 가 큰 활약을 펼쳤다. 고려에 대한 충성으로 이성계를 왕으로 세우는 것에 반대하다 이성계 일파에게 죽음을 당했다.

"이 몸이 죽고 죽어 일백 번 고쳐 죽어"
_목숨을 바쳐 끝까지 충절을 지키다 (1392년)

이성계의 아들인 이방원이 고려의 충신 정몽주의 마음을 알아보려고 집에 초대했습니다. 이방원은 이런저런 이야기를 나누다가 느닷없이 시를 한 수 읊어 보겠노라고 말했습니다. 기운이 쇠한 고려 왕실을 버리고 새 왕조와 함께 영화를 누리자는 내용이었지요. 그러자 정몽주도 이에 답하는 시를 읊었습니다. 일백 번을 죽어 뼈가 흙이 되어도 고려에 대한 충성은 변함없다는 의지를 보인 것입니다.

정몽주의 마음을 확인한 이방원은 사람을 시켜 정몽주가 집으로 가는 길에 선죽교에서 그를 살해하였습니다. 정몽주는 고려에 대한 충절로 말미암아 목숨을 내놓게 된 것입니다.

> 이런들 어떠하며 저런들 어떠하리
> 만수산의 드렁칡이 얽혀진들 어떠하리
> 우리도 이같이 얽혀져
> 백 년까지 누리리라

일본에 잡혀간 백성들을 구해 오다

고려 말, 왜구들의 침입이 끊이지 않아 백성들이 큰 고통을 당했습니다. 심지어는 왜구들에게 붙잡혀 일본으로 팔려간 사람들도 많았답니다. 정몽주는 1377년 사신으로 일본의 규슈 지방 장관 이미가와에게 가서 왜구의 침략을 단속해 줄 것을 다짐 받고, 붙잡혀간 수백 명의 고려 백성들을 고국에 돌아오게 하였습니다.

명나라와 국교를 회복하는 데 공을 세우다

1389년에는 명나라에 사신으로 갔습니다. 명나라는 고려가 원나라와 외교를 맺고 있는 것을 못마땅하게 여겼습니다. 정몽주는 명나라 황제를 만나 고려의 사정을 잘 이야기하여 5년 동안 보내지 못한 조공을 면제받고, 긴장 상태에 있던 명나라와의 관계를 회복하는 데 큰 공을 세웠습니다.

이 몸이 죽고 죽어 일백 번 고쳐 죽어
백골이 진토 되어 넋이라도 있고 없고
임 향한 일편단심이야
가실 줄이 있으랴

의창을 세워 가난한 백성들을 구제하다

정몽주는 뛰어난 외교가이기도 했지만, 나라의 기강을 세우고 백성들의 살림을 보살피는 일도 소홀히 하지 않았습니다. 개성에 5부 학당과 지방에 향교를 세우게 하여 교육 발전을 꾀하였으며, 명나라의 대명률을 본떠 '신율'을 간행하게 하여 법질서를 바로 잡는 데도 힘을 썼습니다. 또한 흉년이 들었을 때 백성들에게 곡식을 꾸어 주는 '의창'을 다시 세우게 하여 가난한 백성들을 구제하였습니다.

고려의 마지막 충신, 쓰러지다

고려 말, 이성계는 왜구와 홍건적을 무찌르며 백성들에게 큰 신뢰를 받았고, 그 세력이 날로 커져만 갔습니다. 이성계를 따르는 무리들은 쓰러져가는 고려 왕조를 무너뜨리고 이성계를 왕으로 추대하여 새 나라를 세우고자 했지요. 정몽주는 개혁의 필요성은 인정했지만 고려 왕조를 지키고 그 안에서 개혁을 이루고자 했습니다.

그러던 중 1392년 명나라에서 돌아오는 세자를 마중 나갔던 이성계가 사냥하다가 말에서 떨어져 황주에 드러눕자, 정몽주는 그를 기회로 이성계 일파를 제거하려 했답니다. 그러나 이성계를 병문안하고 집으로 돌아가던 중 오히려 선죽교에서 이방원의 부하 조영규에게 죽임을 당하였습니다. 이로써 고려 왕조도 막을 내리고 말았지요.

고려의 삼은

후세 사람들은 고려 말에 곧은 충절과 고결한 인품, 높은 학문을 갖추었던 정몽주, 이색, 길재, 세 사람을 고려의 '삼은'이라 부르며 그들을 추모하였습니다. 세 사람의 호가 모두 '은'으로 끝나기 때문이었는데, 정몽주는 포은, 이색은 목은, 길재는 야은이었답니다. 세 사람 모두 성리학에 뛰어났으며, 고려 왕조에 대한 충성이 깊어 새로운 왕조를 세우려는 이성계 일파와 끝까지 맞섰습니다.

이런일 저런일

신진 사대부, 신흥 무인 세력의 등장

공민왕 이후, 성리학이라는 새로운 학문을 배운 '신진사대부'들이 새로운 세력을 형성하였습니다. 이때는 또한 홍건적과 왜구를 토벌하면서 명성을 쌓고 관직을 받은 신흥 무인 세력이 조정으로 진출한 시기였습니다. 대표적 인물인 이성계는 요동 정벌 중 위화도에서 군대를 돌려 권력을 장악하였고, 반대파인 최영을 죽이는 한편 창왕을 폐하고 공양왕을 세웠습니다. 그들은 고려를 무너뜨리고 새 왕조를 세우기로 결심했고, 가장 큰 걸림돌이었던 정몽주는 이들에게 죽임을 당하고 맙니다.

고려의 충신 정몽주

아하! 그땐 이런 인물이 있었군요

조선 시대

명나라와 싸우러 가던 도중에 군사를 돌려 약해진 고려 왕실을 무너뜨리고 새로운 나라를 세운 사람이 있습니다. 바로 이성계이지요. 그는 나라의 이름을 조선이라 하고, 수도를 한양으로 옮겨 나라를 새롭게 발전시켜 나갔습니다. 조선은 유학을 기반으로 하여 나라를 다스렸으며, 나라의 안정과 번영을 위해 새로운 제도를 만들었습니다. 그러나 임진왜란과 병자호란 같은 외세의 침략을 겪어야 했으며, 말기에는 제국주의 열강의 간섭에 시달리기도 하였습니다. 5백년을 이어 내려온 조선. 그 속에서 학문과 과학 기술을 발전시키고 나라의 힘을 키우는 데 큰 역할을 한 인물들은 누구일까요? 수없는 외세의 침략에 맞서 나라를 지켜낸 인물들의 모습은 과연 어떠했을까요?

훈민정음을 만든 위대한 임금
세종대왕 (1397년~1450년)

조선의 제4대 왕. 훈민정음 창제를 비롯하여 정치, 군사, 문화, 과학, 예술 등 모든 분야에 걸쳐 뛰어난 업적을 남겨 우리 역사상 가장 위대한 임금으로 꼽히고 있다.

"백성들이 편히 쓸 수 있는 글자를 만드노니"
_백성을 위해 훈민정음을 만들다 (1443년)

"전하! 기뻐해 주십시오. 드디어 완성되었습니다."
집현전에 모인 학자들은 모두 기쁨을 감추지 못하고 있었습니다.
"정말 수고가 많았소. 이제 백성들이 편하게 글을 쓸 수 있게 되었구려."
집현전의 학자들과 10여 년 동안 함께 연구해 온 세종대왕도 무척 감격한 표정이었습니다.
그때까지 조선은 중국의 한자를 쓰고 있었습니다. 한자는 글자가 너무 어려워
양반들만 사용할 뿐 일반 백성들은 글자로 자신의 뜻을 나타낼 수가 없었답니다.
이를 안타까워한 세종대왕은 집현전의 학자들에게
우리말을 그대로 나타낼 수 있는 글자를 만들도록 하였고,
자신도 직접 새 글자에 대해 연구하였습니다.
그리고 세종과 집현전 학자들의 피나는 노력 끝에 드디어
'훈민정음' 이라는 세계에서도 인정받는 우수한 글자가 태어나게 되었습니다.

> 오오, 이제 모든 백성들이 쉽고 편하게 글을 읽고 쓸 수 있게 되었구려.

세종 대왕과 집현전

1420년 세종대왕은 집현전이라는 학술 기관을 설치하였습니다. 변계량, 신숙주, 정인지, 성삼문, 최항 등의 우수한 학자들을 등용하여 정치 자문, 왕실 교육, 서적 편찬 등의 기능을 담당하게 하였지요. 집현전은 훈민정음 창제에 큰 역할을 했으며, 『고려사』『농사직설』『오례의』『팔도지리지』『삼강행실』『동국정운』『용비어천가』『석보상절』『월인천강지곡』『의방유취』등 다양한 분야의 많은 서적을 편찬, 간행하여 우리 문화의 황금기를 이루었습니다.

백성을 가르치는 바른 소리 '훈민정음'

한글은 '백성을 가르치는 바른 소리'란 뜻의 '훈민정음'이란 이름으로 처음 세상에 빛을 보게 되었습니다. 만든 사람과 만든 시기가 뚜렷한 역사적 사건으로 존재한다는 점에서 세계적으로 그 유례가 없는 글자랍니다. 한글의 모음은 철학적인 통찰에 의해, 자음은 과학적인 원리에 의해 만들어졌습니다. 우주를 이루고 있다는 세 가지 요소인 하늘, 땅, 사람이 어우러진 것이 모음이고, 입모양을 관찰한 음성학적 연구의 결과가 자음이랍니다.

세계가 인정한 한글의 우수성

구조는 무척 간단합니다. 닿소리 14개와 홀소리 10개만으로 되어 있으니까요. 그러나 이를 조합하면 어떤 말도 글자로 나타낼 수 있습니다. 한글이 다양한 표현의 의성어와 의태어가 발달한 것도 바로 이러한 표현의 우수성 때문입니다. 한글이 지닌 독창적이고도 과학적인 구조는 세계적으로도 언어학자들에게 널리 인정을 받고 있습니다.

세종대왕의 또다른 업적들

과학 기술을 발달시키다 | 천문 관측대인 간의대를 설치하고 이천, 장열실로 하여금 천체 관측 기구인 혼천의를 만들게 하였습니다. 또한 앙부일구 같은 해시계와 물시계인 자격루를 만들게 하고, 강우량을 측정하는 측우기를 발명하게 하여 농업에 큰 도움을 주었습니다.

영토를 넓히고 국방을 튼튼히 하다 | 1433년 최윤덕을 북변에 보내어 파저강의 야인을 정벌하고, 1437년 김종서로 하여금 두만강 방면에 6진을 설치하게 하였습니다. 압록강 방면에는 4군을 설치함으로써 압록강과 두만강 이남을 조선의 영토로 편입하였습니다. 또한 이종무로 하여금 대마도를 정벌하게 하여 왜구들의 침략에 대비하는 등 국방을 튼튼히 하였습니다.

농사 발전에 힘쓰다 | 더 많은 수확을 위해 농사법의 개량에도 힘을 써 『농사직설』을 편찬하게 하고 농잠에 관한 책도 펴냈습니다.

의약 발전에 힘쓰다 | 의학 서적인 『향약집성방』과 『의방유취』를 편찬케 하여 국민 건강과 의학 발전에 힘썼습니다.

법제도의 기틀을 마련하다 | 『속육전』 등 법전을 만들고 사회 기강을 바로 세우기 위해 형벌을 강화하였으며 공법을 제정하여 조선 시대 세금 제도의 기틀을 마련했습니다.

음악을 장려하다 | 악기 만드는 곳을 세우고 박연으로 하여금 이전의 아악, 당악, 향악의 모든 악기, 악곡, 악보 등을 종합 정리하게 했습니다. 아악기를 개조하고 「정대업」「보태평」 등 저명한 악곡을 제작하게 하여 음악을 장려하였습니다.

이런일 저런일

세종을 도운 뛰어난 두 재상

세종 때에는 역사에 남을 뛰어난 인물들이 많았습니다. 그 중에서 황희와 맹사성 같은 재상은 세종대왕이 나라를 잘 다스리는 데 큰 도움을 주었습니다. 황희는 정확하고 곧은 사람이었으며 맹사성은 부드럽고 섬세한 사람이었답니다. 그래서 세종은 변방의 안정을 위해 6진을 개척하고 4군을 설치하는 일 등 국방과 군사, 법률과 외교에 관련된 일은 황희에게 맡겼고, 시험 감독관이 되어 인재들의 재능을 알아보고 인재를 발탁하는 일 등은 맹사성에게 맡겼습니다. 두 재상은 뛰어난 능력으로, 그리고 청렴한 자세와 어진 인품으로 나라의 기틀을 세워 나가는 데 큰 역할을 하였답니다.

현명한 어머니이자 뛰어난 예술가
신사임당 (1504년~1551년)

조선 시대 예술가. 한시 짓기에 남다른 재능을 보였다. 산수화와 풀, 벌레, 포도 등의 그림에 특별한 솜씨를 발휘했으며 율곡 이이를 비롯한 일곱 남매를 훌륭히 키워내었다.

'언제 다시 고향에 올 수 있을까'
_대관령을 넘으며 어머니를 생각하다 (1542년)

서울에서 시어머니가 몹시 편찮으시다는 소식이 왔어요.
사임당은 늙으신 어머니가 홀로 계신 고향 강릉에 와서 지내고 있었답니다.
그곳에서 셋째 아들 율곡도 낳았지요.
편찮으신 시어머니가 계신 서울로 가자니 늙으신 친정 어머니를 두고 떠나야 하는
발걸음이 무거웠습니다.
사임당은 큰 아이들은 강릉에 남겨 두고 어린 율곡만을 데리고 서울로 향했어요.
대관령 고개를 넘어서는 순간 '언제 다시 고향에 돌아올 수 있을까' 하는 마음에
눈물이 고였습니다. 강릉 고향집과 늙으신 어머니의 쓸쓸한 모습이 생각나
도저히 그냥 고개를 넘을 수가 없었답니다.
사임당은 대관령 고갯마루에서 아련히 보이는 고향 집을 바라보며
그 마음을 시로 적었습니다.

> 늙으신 어머님을 고향에 두고
> 외로이 서울 길로 가는 이 마음
> 돌아보니 북촌은 아득도 한데
> 흰 구름만 저문 산을 날아 내리네

섬세함이 돋보이는 화가

신사임당은 일곱 살 때부터 안견의 화풍을 배워 그림을 그리기 시작했습니다. 안견의 그림을 보고 똑같이 그려내 사람들을 놀라게 한 사임당은 12세 때 언니의 치마폭에 그린 포도 그림으로 또 한 번 사람들의 주목을 받았답니다. 이후로도 사임당의 그림과 글씨, 시는 매우 섬세하고 아름다워 예술가로서 높은 평가를 받았습니다. 사임당은 풀벌레, 꽃과 새, 난초, 매화, 산수화 등을 즐겨 그렸으며 마치 살아 움직이는 듯한 사실감으로 독창적인 그림을 그렸습니다.

글씨에도 뛰어난 재능을 보이다

신사임당은 글씨, 즉 서예에도 뛰어난 재능을 보였습니다. 강릉 부사였던 윤종의는 신사임당의 서예 작품을 보고, 그 재주에 깜짝 놀랐습니다. 그래서 후세에 길이 남기고자 그 글씨를 판각하여 오죽헌에 보관하였습니다. 그리고 "정성들여 그은 획이 그윽하고 고상하며 정결하고 고요하다."며 칭찬을 아끼지 않았답니다.

훌륭한 어머니로서의 사임당

사임당은 일곱 자녀들 중 공부를 좋아하는 '율곡'에게는 정성을 들여 학문을 가르쳤으며, 큰딸 '매창'과 넷째 아들 '우'에게는 재주를 살려 그림에 더욱 노력하게 하여 훌륭한 화가로 키워냈습니다. 재능에 따라 교육하는 지혜를 발휘한 훌륭한 어머니라고 할 수 있지요.

이런일 저런일

그림 속 메뚜기를 쪼아먹은 닭

신사임당의 어렸을 때 이야기입니다. 인선(사임당의 이름)은 어려서부터 시와 그림에 뛰어난 재주를 보였습니다. 하루는 인선이 빨간 열매가 달린 꽈리나무와 메뚜기를 그린 뒤 그림을 말리려고 마루에 내놓았더니 닭이 와서 그림을 쪼아 놓았답니다. 찢어진 그림을 본 인선은 울고불고 난리가 났고 사람들이 달려와 인선을 달래며 그림을 들여다보았습니다. 자세히 보니 닭은 유난히 메뚜기가 있는 빨간 열매를 콕콕콕 쪼아 놓았더랍니다. 신사임당이 그린 그림이 실물과 너무나 닮아서 닭이 먹이인 줄 알고 쪼아 먹으려고 한 것입니다.

조선의 여성 대표 신사임당

신분을 뛰어넘은 위대한 과학자
장영실 (?~?)

조선 시대 과학 기술자. 세종의 부름을 받고 노비의 신분을 벗어나 우리 나라 최초의 물시계인 자격루, 세계 최초의 우량계인 측우기 등 뛰어난 과학 기구들을 발명하였다.

'비가 얼마나 왔는지 정확히 알 수 없을까?'
_세계 최초로 측우기를 만들다 (1442년)

"전하, 이것은 비가 얼마나 왔는지 그 양을 정확히 잴 수 있는 기구이옵니다."
세종대왕과 여러 신하들 앞에 선 그는 기계를 만들고 고치는 일에 탁월한 재능을 인정받고
궁중에 들어와 여러 가지 발명품을 만들어낸 '장영실'이었습니다.
어느 해 여름, 가뭄과 홍수가 한꺼번에 겹치면서 농사가 망하고 백성들은 큰 고통을 당했습니다.
장영실은 이를 안타까워하다가, 해마다 비 오는 양을 재어 비가 언제 얼마나 내리는지 알면
가뭄과 홍수에 대비할 수 있으리라 생각했습니다.
그래서 연구에 연구를 거듭한 끝에 드디어 측우기를 발명하게 되었답니다.
"그래! 장하다. 백성들에게 큰 도움이 되겠구나."
"황공하옵니다, 상감마마."
세종대왕은 기쁜 마음으로 장영실을 크게 칭찬하였고, 그가 만든 측우기를 고을마다 설치하게 하여
가뭄과 홍수에 대비하도록 하였습니다.

자동 물시계와 해시계

장영실은 자동 물시계를 연구하기 위해 명나라에 유학을 다녀온 뒤 1434년 자동 물시계인 자격루를 만들었습니다. 자격루는 물시계에 정밀한 기계 장치를 결합하여 때가 되면 인형과 징, 북, 종을 이용해 자동으로 시각을 알려 주는, 정교하면서도 편리한 시계였습니다.

천문 관측 기구를 만들다

장영실이 처음으로 만든 과학 기기는 천문 관측 기구인 '간의' 입니다. 그가 만든 '간의' 로 잰 한양이 북위 38도 부근으로 밝혀져 당시로서는 놀라운 측정 기술로 인정받고 있습니다. 이듬해인 1433년에는 이천, 정철 등 학자의 도움을 받아 간의를 더욱 발전시킨 '혼천의' 를 완성하였습니다.

강물의 높이를 재는 기계

장영실은 또한 한강과 청계천의 물 높이를 측정할 수 있는 '수표' 를 만들었어요. 이는 강물이 불어 넘쳐나는 것을 미리 알 수 있도록 하여 홍수의 피해를 줄일 수 있게 하는 획기적인 발명품이었답니다. 이밖에도 이천과 함께 구리 활자인 갑인자를 만드는 데 공을 세웠고, 경상도 채방 별감으로 일하며 구리와 철을 캐내고 제련하는 기술을 발전시키는 데 큰 역할을 하였습니다.

이런일 저런일

부서진 임금님의 가마

장영실은 노비의 신분으로 태어났지만 우리 과학사에 길이 남을 뛰어난 발명품들을 만든 공으로 상호군이라는 벼슬까지 받았습니다. 그러나 그 이듬해에는 그의 감독 하에 제작한 임금의 가마가 부서지는 바람에 불경죄로 의금부에 잡혀가 매를 맞고 벼슬자리에서 쫓겨났답니다. 세종은 미천한 신분이지만 재주가 남달랐던 장영실을 매우 아끼던 터였습니다. 안타깝게 여겼겠지만 나라의 법이니 어쩔 수 없었답니다. 옥에 갇혔던 장영실이 풀려 나와 그 후 어떻게 되었는지는 전혀 알려지지 않고 있습니다.

동의보감을 펴낸 한의학의 아버지
허준 (1546년~1615년)

조선 시대의 의학자. 신분에 상관없이 정성을 다해 병을 고쳐 주어 나라 전체에 그 이름이 알려졌다. 왕의 의사인 어의에 이르렀고, 한의학을 총정리해 『동의보감』을 지었다.

'병으로 고통받는 백성들을 위해 꼭 동의보감을…'
_귀양살이를 하며 동의보감을 완성하다 (1610년)

선조 임금의 갑작스런 죽음은 허준에게 큰 시련을 안겨다 주었습니다.
임금의 명을 받아 의학 책 집필에 여념이 없던 허준이었지만
임금의 갑작스런 죽음의 책임은 어의였던 허준에게 고스란히 돌아왔습니다.
"임금님이 갑자기 승하하신 것은 어의였던 허준의 죄가 크옵니다. 그의 죄를 물으소서."
결국 허준은 도성 밖으로 쫓겨나 귀양을 가게 되었습니다. 그러나 귀양살이를
하면서도 종합적이고 체계적인 의학 서적을 만들기 위해 온 힘을 기울였습니다.
'병으로 고통받는 백성들을 위해 꼭 동의보감을 완성해야 해.'
그 결과, 저술에 몰두한 지 14년 만에 조선의 의술을 학문으로 정리하여 동양 최고의
의학으로 끌어올리는 큰 업적을 세웠습니다. 바로 『동의보감』 25권을 완성한 것입니다.

탁월한 의술로 왕자의 병을 고치다

궁중 의원인 내의원에서 탁월한 의술을 인정받은 허준은 1590년 (선조 23년) 왕자(광해군)의 병을 고쳐 높은 벼슬에 올랐습니다. 왕자의 병은 천연두였는데, 다른 의원들이 고치지 못하는 것을 허준이 고쳤기 때문입니다. 허준은 뛰어난 의술을 인정받아 당시로서는 매우 파격적으로 당상관의 품계를 받기도 했습니다.

임진왜란, 임금의 피난길을 따라감

1592년, 임진왜란이 일어나 임금이 궁궐을 떠나 의주로 피난길에 오르게 되자, 허준은 의원으로 선조를 의주까지 모시게 되었습니다. 1596년 3월, 선조는 허준의 공을 인정하여 '동반'이라는 문과 양반직을 내렸습니다.

언해본 의학 서적 편찬

임진왜란 때에 궁궐의 많은 귀중한 자료들이 불타 없어졌습니다. 그 중에는 의학 서적들도 많았답니다. 세종 때부터 간행된 『태산집』『창진집』『구급방』 등이 전쟁통에 없어지자 선조 임금은 허준에게 종합적이고 체계적인 의학 책 편찬을 명하였습니다. 허준은 흩어져 있던 의서들을 정리하였고, 일반 백성들이 읽을 수 있도록 한글로 된 언해본도 지었습니다.

동양 최고의 의서 『동의보감』 완성

허준은 1608년부터 1609년까지 2년여의 세월 동안 귀양살이를 하면서도 의서 편찬 작업에 관련된 여러 서적들을 연구하고 작업을 계속하였습니다. 그리하여 동양 최고의 의학서로 일컬어지는 『동의보감』 25권을 완성했지요. 그의 나이 65세 때의 일이었습니다.

한의학의 아버지 허준

동양 사상의 기둥이 된 대학자
이황 (1501년 ~ 1570년)

조선 시대 학자. 조선의 성리학을 한 층 발전시켜, '동방의 주자'로 불리었다. 아는 것과 행하는 것이 일치해야 한다고 주장하였으며 고향에서 수많은 제자들을 길러냈다.

"학문은 지식으로만 되는 것이 아니다"
_도산서당을 지어 나라의 인재를 길러내다 (1561년)

아름다운 호수를 옆에 끼고 한참을 걸어가다 보니
산이 병풍처럼 감싸고 있는 곳에 아담한 서당 한 채가 눈에 들어왔습니다.
'그래, 바로 저기인가 보다.'
화공은 서당의 안까지 잘 보이는 곳에 자리잡고 조용히 앉았습니다.
그리고 서당을 바라보며 누군가를 그리기 시작했습니다.
그 서당은 도산서당이었고, 그림의 주인공은 그곳에서 학문을 연구하며 제자들을 가르치는
퇴계 이황이었습니다.
"학문은 지식으로만 되는 것이 아니다. 인격과 도덕적 행동을 통해 비로소 완성되는 것이니라."
나지막한 이황의 음성이 들릴 듯 말 듯하였습니다.
조선의 13대 임금인 명종은 이황의 인품과 학문을 존경하여 여러 차례 관직에 나와 줄 것을
부탁하였습니다. 그러나 이황은 정중히 거절하였고, 고향에서 학문 연구에만 힘을 쏟았습니다.
명종은 그러한 이황의 모습이 그리워 화공에게 그의 모습을 그려오라고 명한 것입니다.

우리 나라 최초의 서원

이황은 풍기 군수로 있을 때, 주세붕이 세운
백운동 서원에 논밭과 간판, 책 등을 내려줄
것을 조정에 요청하였습니다. 명종은 이황의
건의를 받아들였고, '소수 서원'이라는 새 이름까지 지어 주었습니다. 이로써 백운동서원은 우리 나라
최초의 사액 서원*이 되었답니다.

*사액 서원 : 조선 시대 때 왕에게 서적·토지·노비 등을 내려받아 그 권위를 인정받은 서원

『성학십도』를 지어 임금께 올려 가르침을 주다

선조 임금 때, 이황은 『성학십도』라는 것을 만들어 임금에게 올렸습니다. 『성학십도』는 유학의 중심되는 내용을 열 편의 그림과 함께 설명한 것이랍니다. 선조 임금은 그 그림들로 병풍을 만들어 가까이 두고 보며 임금의 도리를 새겼다고 합니다.

도산서당에서 학문을 연구하고 인재를 길러내다

이황은 명종 16년(1561)에 도산서당과 농운정사를 직접 지었습니다. 도산서당은 요즘의 사립학교와 같은 곳으로, 이황은 당대의 인재들을 모아 인격을 수양하고, 학문을 연구하며, 나라의 장래를 토론하도록 이끌었습니다. 명종이 여러 차례 벼슬을 내렸지만 모두 사양하고 오로지 학문 연구와 인재 양성에만 힘썼답니다.

이황을 기념하는 도산서원

이황 선생이 돌아가신 지 4년 후인 1574년에는 제자들과 선비들이 힘을 합해 도산서당 뒤편에 도산서원을 세웠답니다. 그 다음해인 1575년, 선조 임금으로부터 명필 한석봉이 직접 쓴 '도산서원'의 현판을 받아 사액 서원이 되었습니다.

 이런일 저런일

홀어머니의 엄격한 교육

이황은 태어난 지 일곱 달 만에 아버지가 세상을 떠났습니다. 이황의 어머니 박씨 부인은 농사와 길쌈으로 가난한 살림을 꾸려 나가며 여러 자녀들을 어렵게 공부시켰답니다. 그리고 날마다 자식들에게 "너희들은 아버지가 계시지 않으니 남의 집 아이들과는 달라서 공부만 잘해도 안 된다. 행실 또한 각별히 조심하여 조상들을 욕보이는 일이 없게 하여라." 하고 이야기하였습니다. 어머니의 엄격한 교육으로 이황은 어릴 때부터 어른을 공경할 줄 알았고 친구들에게는 항상 온순하고 겸손하게 대하였답니다.

동방의 성인으로 불리운 대학자
이이 (1536년~1584년)

조선 중기의 학자, 정치가. '동방의 성인'으로 칭송될 정도로 학문이 깊고 인품이 뛰어났다. 선조 임금에게 나라를 다스리는 데 필요한 개혁안 '시무 육조'를 올렸다.

"제도를 개혁하여 때에 맞는 법을 세워야 합니다"
_ '만언봉사'라는 상소문으로 개혁의 방안을 제시하다 (1574년)

"신이 생각하옵건대 정치에 있어서는 때를 아는 것과 실질적인 면에 힘쓰는 것이 중요합니다."
선조가 왕위에 오른 지 7년, 지진과 흉년으로 백성들이 큰 고통을 받았습니다.
선조 임금은 조정 대신들에게 국난 극복에 관하여 좋은 의견들을 올리라고 하였습니다.
이때 우부승지인 율곡 이이가 임금께 상소문을 올렸습니다. '만언봉사'라는 매우 긴 문장으로 되어 있는 상소문이었습니다. 선조 임금은 율곡의 상소문을 읽고 이렇게 답했습니다.
"상소의 내용을 살펴보니 임금과 백성을 요순 시대처럼 만들고자 하는 뜻을 알 수 있다.
훌륭한 상소문이다. 이런 신하가 있는데 어찌 나라가 잘 다스려지지 않겠느냐."
율곡은 『만언봉사』뿐 아니라 『동호문답』 『성학집요』 등 정치와 사회·경제·국방에 관한 많은 상소를 올려 나라의 개혁에 앞장 섰습니다.

관직에 나아가 임금의 총애를 받다

이이는 29세까지 9번의 과거에 모두 장원 급제하여 '아홉 번 장원한 인물'이라는 뜻의 '구도장원공'이라는 별명을 얻었습니다. 39세에 우부승지에 임명된 뒤 국가적 재난에 대한 대책을 적은 '만언봉사'*를 올렸으며 41세 때에는 성현들의 말 중 학문과 정치에 바람직한 글들을 모아 『성학집요』라는 책을 만들었습니다.

 * 만언봉사 : '만 자에 이르는 장편의 글을 임금께 올리는 문서'란 뜻. '봉사'란 옛날 중국 한나라 때 신하가 임금에게 글을 올릴 때 글을 검은 천 속에 넣어 봉하여 올림으로써, 임금이 읽기 전에 내용이 밖으로 새어 나가는 것을 방지한 데서 생겨난 말이라고 합니다.

왕성한 집필 활동과 후진 양성

이이는 41세 때 관직에서 물러나 해주에 '청계당'을 짓고 학문을 시작하는 이들을 위해 『격몽요결』이라는 책을 지었습니다. 또한 해주 향약*을 만들어 백성들이 서로 도우며 바르게 살도록 하였고, 식량이 부족한 봄에 곡식을 꾸어 주고 가을에 돌려받는 사창 제도를 실시하여 가난한 백성들을 구제하기도 하였습니다.

* 향약 : 조선 시대에, 권선징악과 상부상조를 목적으로 마련한 마을의 자치 규약.

나라를 위해 혼신의 힘을 다하다

47세에 다시 이조판서와 병조판서에 오른 이이는 나라의 앞날을 걱정해 '시무육조'라는 글을 올렸습니다. 여기에는 국방을 튼튼히 해야 한다는 내용도 적혀 있었답니다.

이런일 저런일

하늘도 감동한 효성

율곡은 어려서부터 이름난 효자였습니다. 열한 살 때에 아버지가 병들어 자리에 눕자, 율곡은 그 옆에서 극진히 간호를 함은 물론 조상을 모신 사당에 들어가 아버지 대신 자기가 죽도록 해 달라고 빌었다고 합니다. 이러한 율곡의 정성에 아버지는 곧 자리를 털고 일어날 수 있었습니다. 또한 16세 때 어머니가 돌아가시자 무덤 옆에 여막을 짓고 3년 동안 정성스레 시묘살이를 하였습니다. 이때 제사의 음식을 올리는 것과 그릇을 씻는 등의 모든 일을 하인들에게 시키지 않고 직접 하여 어머니에 대한 효를 실천하였답니다.

배운 것을 실천한 이이

율곡은 1536년 외가인 강릉 오죽헌에서 아버지 이원수와 어머니 신사임당 사이의 셋째 아들로 태어났어요.

이름은 '이'이며 호는 '율곡'이랍니다.
호는 본이름 외에 따로 부르는 이름이랍니다.

세 살 때부터 말과 글을 배운 율곡은 어느 날 외할머니가 석류를 보여 주며 묻자
이게 뭔지 아느냐?

복주머니 속에 빨간 구슬들이 부서져 있네.
한마디 한마디가 시 같아요~

열세 살에는 진사 시험에 합격하여 시험관들 앞에 불려 나가게 되었는데, 겸손하고 의젓한 그의 모습을 보고 시험관들이 크게 칭찬하였어요.
나이도 어린데 총명하고, 그러면서도 겸손하고 참 의젓하구나.

그러나 율곡에게 슬픈 일이 일어났어요. 열여섯 살 때 갑자기 어머니가 돌아가셨거든요.
어머니!

그의 어머니 신사임당은 학식과 인격이 높아, 율곡에게는 스승과도 같은 분이었어요.

3년간 어머니의 무덤 곁에서 움막을 짓고 살던 이이는 슬픈 마음을 달래려고 금강산에 들어가 불경을 공부하기도 하였어요.

다음해 산에서 내려와 다시 학문에 열중하였고, 당시 대학자인 퇴계 이황을 찾아가 학문의 도움을 받기도 하였어요.
후배가 두렵다는 말이 옛말이 아니구나. 참 대단한 젊은이야.

스물아홉 살 때 세 개의 시험에 합격하여 관직에 나아가게 되었는데, 과거에 9번 급제하여 '구도장원공'이란 별명을 얻기도 했어요.
율곡 이이는 '구도장원공'이야.
그게 뭔데?
아홉 번 장원한 사람이란 말이지.

관직에 있으면서 그가 펴낸 3권의 책은 나라의 재난에 대한 대책 등 정치와 학문의 발전을 위해 지은 책들이에요.
동호문답 만언봉사 성학집요

관직에서 물러나 있을 때에도 교육을 위해 『격몽요결』이라는 책을 썼지요.
인재 양성에 도움이 되고자…

선조 임금의 간곡한 청으로 다시 관직에 나온 율곡은
임금님의 어명이기에…

나라의 장래를 예견하고 걱정하여 군사를 키우자고 주장하였어요.
10만 군사를 길러 국방을 튼튼히….

사회 제도의 개혁을 위한 상소를 올리기도 했지요.
백성들에게 큰 부담이 되는 공납 제도를 개혁하고
서자들을 등용하고, 노비들도 곡식을 바치면 양민이 되게….

그렇게 나라와 민족을 위해 온 힘을 쏟던 이이는 49세의 아까운 나이로 세상을 떠났어요.

이이는 매우 청빈한 생활을 했어요. '그가 운명한 뒤 집에는 한 섬 곡식의 저축도 없고, 옷을 빌어다가 장례를 하였다'라는 기록이 있을 정도랍니다.
세상에….

백성들의 삶을 그린 최고의 풍속 화가
김홍도 (1745년~ ?)

조선 시대의 화가. 안견, 정선, 장승업과 함께 조선 시대 4대 화가로 꼽힌다. 산수화와 인물화는 물론 서민들의 생활을 익살스럽게 그려낸 풍속화에서 뛰어난 능력을 보였다.

'백성들을 생각하는 어진 성품까지 그려내야지!'
_정조 임금의 초상화를 그리다 (1781년)

"네가 10년 전에 내 초상화를 그린 화가이더냐?"
"예. 그러하옵니다, 상감마마"
"그 초상화는 정말 뛰어난 솜씨였느니라."
"황공하옵니다. 상감마마."
임금의 초상화를 그리고 10년이 지나 또다시 초상화를 그린다는 것은 그에게 큰 영광이었습니다.
기개에 찬 당당한 모습으로 왕위에 올라 백성을 위해 어진 정치를 펼치는 임금 정조.
학문을 사랑하고 인재를 아끼는 정조의 빛나는 기품에
김홍도는 감히 고개를 들 수가 없었습니다.
"고개를 들어야 내 얼굴을 그릴 것이 아니냐? 마음 편하게 그리도록 하여라."
김홍도는 솜씨를 다해 정조 임금의 얼굴을 그려 나갔습니다.
'얼굴만이 아니라 백성들을 생각하는 어진 성품까지 그려야지.'
김홍도의 화폭에는 과연 정조의 인격과 성품을 담아낸 빼어난 초상화가 그려지고 있었습니다.

> 내가 다시 임금님의 초상화를 그리게 되다니…. 얼굴 가득 느껴지는 인자한 성품과 빛나는 기품까지 담아내야지.

도화서의 어진 화원이 되다

김홍도는 문인 화가인 호조참판 강세황의 추천으로 도화서의 화원이 되었습니다. 도화서는 궁중에서 필요로 하는 그림을 그리는 기관으로, 20명의 화원이 있었습니다. 이곳에서 실력을 인정받은 김홍도는 임금의 초상화를 그리는 어진 화원이 되어 정조의 초상화를 그렸습니다. 예술을 천하게 여기던 때지만 임금의 초상화를 그리는 어진 화원은 당시 최고의 화가에게 주어지는 큰 영예였습니다.

용주사의 그림과 오륜행실도의 삽화를 그리다

김홍도는 뛰어난 실력을 인정받아 왕명으로 여러 가지 그림을 그렸습니다. 1790년, 정조 14년에는 수원 용주사 대웅전에 「삼세여래후불탱화」를 그렸으며 1796년에는 용주사의 「부모은중경」을 그리기도 했습니다. 또한 1797년에는 정부에서 간행한 책 『오륜행실도』의 삽화를 그렸습니다.

산수화와 풍속화의 새로운 경지

김홍도는 산수화·인물화·신선화·불화·풍속화에 모두 능하였고, 특히 산수화와 풍속화에 새로운 경지를 개척했습니다. 김홍도가 그린 산수화는 실물과 다를 바 없는 사실적인 묘사가 특징입니다. 풍속화는 서민들의 생활 모습을 익살맞고도 실감나게 그려내어, 우리 민족의 정서를 가장 잘 표현한 화가라는 평가를 받고 있답니다.

이런일 저런일

그림 신윤복

조선의 풍속 화가 김홍도와 신윤복

조선의 뛰어난 풍속 화가로 김홍도와 어깨를 나란히 할 인물로 신윤복이 있습니다. 신윤복은 김홍도와 활동한 시기도 같고, 직업 화가로 당시의 사회상을 담았다는 점도 같지만, 그림의 소재나 표현 기법, 그리고 삶의 모습은 아주 달랐답니다.

김홍도는 일찍이 궁중에 들어가 임금의 총애를 받는 궁중 화가가 되었지만, 신윤복은 살아 있을 당시에는 크게 빛을 보지 못했습니다. 또한 김홍도가 사회 각층의 사람들을 다양하게 그려냈다면 신윤복은 주로 도회지의 한량과 기녀 등 남녀 사이의 사랑의 감정을 그려낸 그림, 양반들의 허위 의식을 드러낸 그림을 주로 그렸습니다.

최고의 풍속 화가 김홍도

1745년에 태어난 김홍도는 어려서부터 그림에 뛰어난 재주를 보였어요.

일곱 살 때부터는 당시 최고의 문인 화가이며 호조참판인 강세황에게 그림을 배웠답니다.

강세황의 추천으로 김홍도는 궁중에서 필요한 그림을 그리는 도화서의 화원이 되었어요.

도화서에서 크게 인정을 받은 그는 세손(훗날의 정조)의 초상화를 그리기도 했어요.

정조 또한 김홍도의 천재성을 알아보았어요.

정조는 김홍도를 임금의 초상화를 그리는 어진 화가로 임명했어요.

어느 날 김홍도는 정조의 명을 받들어 스승인 김응환과 함께 일본의 지도를 그리러 가게 되었는데

김응환이 부산에서 병으로 죽게 되자, 홀로 대마도에 가서 일본 지도를 모사해 오기도 했어요.

정조는 김홍도를 매우 아껴, 연풍현감이라는 벼슬을 주었어요.

김홍도는 벼슬을 그만두고 다시 그림에 열중하여 용주사의 「부모은중경」 그림과 『오륜행실도』라는 책에 들어가는 그림을 그렸어요.

산수화와 풍속화뿐 아니라 초상화, 신선화, 진경 산수, 남종화, 불화 등 모든 그림에 뛰어난 기량을 보였답니다.

하지만 뭐니뭐니해도 산수화와 풍속도가 으뜸이었지요.

김홍도가 그린 산수화는 신윤복이나 김득신 같은 화가들에게 큰 영향을 주었어요.

조선 후기 서민들의 생활상을 익살 넘치게 그려낸 『단원풍속도첩』은 당시의 시대상을 알 수 있는 매우 귀중한 자료이며

「삼공불환도」「군선도병」「마상청앵도」 등 수많은 작품을 남겼습니다.

"신에게는 아직 전선 12척이 남아 있습니다"
_명량해전에서 12척의 배로 왜군을 무찌르다 (1597년)

이순신 장군이 억울한 옥살이에서 풀려나 다시 삼도 수군 통제사로 임명되어
바다에 돌아왔을 때입니다. 그가 공들여 키운 조선 수군의 막강한 함대는
대부분 왜군에게 격파되어 사라지고 겨우 배 12척이 남아 있을 뿐이었습니다.
이순신 장군 대신 원균이 이끌었던 수군이 칠천량 해전에서 왜군에게 대패하였기 때문입니다.
'수군을 포기하고 육전에 참가하라' 는 임금의 밀지를 받았지만
이순신 장군은 다음과 같은 내용의 글을 올렸습니다.
"신에게는 아직 전선 12척이 남아 있습니다. 죽기를 각오하고 싸운다면 막을 수 있습니다.
지금 수군을 폐지한다면 왜적은 호남을 거쳐 한강까지 곧바로 진격할 것입니다.
비록 전선의 수는 적으나, 신이 아직 살아 있으므로 적은 감히 우리를 무시하지 못할 것입니다."
결국 이순신 장군이 이끈 조선 수군은 명량해전에서 12척의 배로 10배가 넘는 수의
왜군 함대를 물리쳤습니다.

거북선을 만들어 전쟁에 대비하다

전라 좌수사가 된 이순신은 왜국의 침략을 예상하고 전쟁에 대한 대비를 철저히 하였습니다. 군사를 훈련시키고 무기를 정비함은 물론, 거북선이라는 비밀 병기를 제작한 것입니다. 거북선은 철로 만든 세계 최초의 전함으로, 앞은 용머리 모양을 하고 등에는 쇠못을 꽂아 적들이 함부로 배에 덤벼들지 못하였답니다.

왜군의 기세를 꺾은 한산도해전

이순신이 거느리는 수군은 한산도 앞바다로 왜선을 유인해 학익진 전법으로 59척의 전함을 격파하였습니다. 이는 왜군의 보급로를 완전히 차단하여 전세를 역전하는 계기가 되었답니다.

12척의 배로 왜군의 전함을 물리친 명량해전

12척의 배로 왜선 133척과 맞선 이순신은 그 중 31척을 격파하며 조선 수군은 단 한 척의 손실도 없는 완벽한 승리를 거두었습니다.

목숨을 바쳐 조국을 구한 노량해전

무려 500척에 달하는 왜군의 배가 노량 앞바다에 집결하였는데, 이를 공격하여 200여 척을 격침시켰습니다. 이순신 장군은 이 전투에서 적의 총탄에 맞아 장렬히 전사하였답니다.

임진왜란의 3대 대첩

1. 승승장구하며 북진하던 왜군의 보급로를 차단하여 전세를 크게 역전시킨 한산도대첩

2. 군·관·민의 협력으로 대군을 물리쳐 한양을 되찾는 데 큰 공을 세운 행주대첩

3. 최대의 곡식 창고인 호남 지방을 지켜 왜군의 사기와 전력을 떨어뜨린 진주대첩

조선의 문예 부흥기를 이끈 임금
정조 (1752년 ~ 1800년)

조선 시대 제22대 왕. 학문을 좋아하여 규장각을 설치한 뒤 젊은 학자들이 마음껏 학문을 연구하고 토론할 수 있도록 하였다. 인재를 널리 뽑아 쓰고 백성을 위한 정치를 펼쳤다.

"그대의 억울함이 무엇이냐?"
_사도 세자의 능이 있는 화성에 행차하다 (1795년)

정조 임금이 어머니 혜경궁 홍씨와 능행길에 나섰습니다.
억울하게 죽은 아버지 사도세자의 묘소를 참배하러 수원에 있는 현릉으로 가는 길이었습니다.
호위 군사들과 악대, 신하들을 비롯하여 약 6천 명의 수행원이
정조 임금을 따라 나섰고 이 행차를 보려고 수많은 구경꾼이 몰려들었습니다.
허름한 차림의 한 백성이 엎드려 "징~ 징~" 징을 치며 행차를 막았습니다.
"상감마마! 소인, 억울한 일이 있어 이렇게 상감마마의 능행길을 막아서게 되었습니다."
호위 대장과 신하들이 깜짝 놀라 나섰지만 정조 임금은 인자한 얼굴로 말했습니다.
"그래, 그대의 억울함이 무엇이냐?"
그 사람은 자신의 억울한 사정을 임금님께 아뢰었고, 정조는 사실을 확인한 뒤
억울함을 풀어 주었습니다.
정조의 현릉 행차는 성묘만으로 끝나는 게 아니었습니다.
백성들의 소리를 직접 듣고 그들의 살림을 보살폈으며,
현지 군사 훈련으로 왕권을 더욱 강화하였습니다.

수원에 화성, 신도시를 건설하다

아버지 사도 세자의 억울한 죽음을 잊지 못하던 정조는 왕위에 오르자 아버지의 묘를 수원으로 옮기고 성곽을 세웠습니다. 그것이 바로 세계 문화 유산으로도 등록돼 있는 수원 화성입니다. 정조는 수원을 상업 도시로 만들어 대도시로 성장시키려 하였습니다. 이를 위해 조정에서는 수원의 부자들에게 6만 5,000냥 가량을 빌려주어 가게를 차리게 했다고 합니다. 정조의 이러한 상업 진흥책은 상당한 효과를 거두었습니다.

규장각을 설치하여 인재를 등용하다

정조는 본궁을 경희궁에서 창덕궁으로 옮기고, 창덕궁 후원에 주합루와 여러 서고 건물을 지으면서 규장각을 설치했습니다. 규장각은 역대 국왕의 시문, 친필 서화를 비롯하여 온갖 중요한 서적들을 모아 보관하던 곳입니다. 정조 때에는 인재를 선발하고 양성하는 기능까지 하게 되었습니다.

또한 학문을 좋아한 정조는 규장각을 통해 많은 책을 펴냈습니다. 『속오례의』 『국조보감』 『증보동국문헌비고』 『오륜행실』 『홍재전서』 등의 책을 엮어 냈으며, 규장각 학자들로 하여금 날마다 중요 정사를 기록하게 해 『일성록』을 만들게 하였습니다.

규장각에서 인재를 키워내다

규장각을 설치한 정조는 재능 있고 젊은 인물들이 규장각에서 학문을 연마하게 하였습니다. 정기적으로 시험을 치르게 해 그 성과를 평가하였는데, 정조가 친히 강론에 참여하거나 직접 시험을 보아 채점하기도 하였습니다. 정조는 출신과 당파가 아닌 능력과 학문을 중심으로 인재를 선발하여 중인들도 조정에 나올 수 있는 길을 마련하였습니다.

이런일 저런일

학문, 예술, 경제가 발전한 조선의 부흥기

17세기 후반부터 동아시아 국가간에 평화가 계속되면서 국제 무역이 활발하게 이루어졌고, 국내에서도 유통 경제의 규모가 계속 커져 갔습니다. 정조 시대에는 서울과 한강 일대의 인구가 꾸준히 증가하는 가운데 수도권 일대에 상업이 크게 발달하였으며, 경제적 풍요와 함께 문화와 예술이 활짝 피어났습니다. 음악, 글씨, 그림, 문학 등 다양한 분야에서 양반은 물론 서얼과 중인 등 여러 계층의 사람들이 재능을 나타냈으며, 특히 출판 문화가 크게 발전하였습니다.

학문을 사랑한 임금 정조

실학을 완성한 천재적인 대학자
정약용 (1762년 ~ 1836년)

조선 후기의 실학자. 정조의 총애를 받았으나 천주교 박해로 오랫동안 귀양살이를 하였다. 백성의 살림살이에 도움이 되는 실학 연구와 저술 활동에 평생을 바쳤다.

"어떻게 하면 튼튼하고 편리한 성을 쌓을까?"
_거중기를 만들어 수원성을 완성하다 (1796년)

드디어 수원 화성이 웅장하고도 아름다운 모습을 드러내기 시작했습니다.
사람들은 열심히 돌을 다듬거나 나르고 있었고 커다란 돌을 들어올리는 신기한 기계 옆에서는
누군가 열심히 설계도를 보며 다른 사람들에게 설명을 하고 있었습니다.
그가 바로 정약용입니다.
정조 임금의 명을 받아 수원성 건축을 지휘하게 된 정약용은
'어떻게 하면 백성들의 힘을 덜 들이고 적은 비용으로 튼튼한 성을 쌓을 수 있을까?'
고심하였습니다. 그리하여 그가 공부한 서양의 과학 기술을 바탕으로
연구한 끝에, 무거운 물건을 쉽게 들어올리는 '거중기' 란 기계를 만들어 냈습니다.
이 거중기를 이용하여 그의 설계대로 시작된 성 쌓기는
2년 만인 1796년에 완성되었습니다.
수원 화성은 우리 나라 성 중에서 가장 발달된 양식을 갖추었으며,
다른 성에 비해 건설 비용이 크게 절약되었을 뿐 아니라
사람들의 수고도 훨씬 덜어 주었답니다.

백성의 억울함을 풀어 주다

정약용은 33세 되던 해에 경기도 암행어사로 임명되어 지방 관리들의 부정과 부패를 낱낱이 바로 잡았습니다. 그리고 황해도 곡산의 부사로 있을 때에는 천연두로 고생하는 백성들을 위해 천연두의 예방과 치료에 관한 의학책 『마과회통』을 펴내기도 하였답니다.

유배지에서 더욱 학문에 힘쓰다

정약용은 서양의 기술과 문물에 관심이 많아 서학과 천주학을 공부했습니다. 때문에 천주교 탄압이 심해졌을 때 정약용 역시 천주교인으로 지목 받아 강진으로 유배를 가게 되었습니다. 18년간의 유배 생활 동안 그는 오히려 학문 연구에 온 힘을 쏟았고 제자들을 모아 가르쳤습니다. 『경세유표』는 그때에 쓴 대표적인 책으로 정치, 토지, 조세 제도의 개혁에 관한 내용이 담겨 있답니다.

수많은 책을 저술하다

57세가 되던 해에 유배에서 풀려난 정약용은 그 동안 유배지에서 심혈을 기울여 저술한 『목민심서』를 완성하였고, 오랜 기간 준비해 온 『흠흠심서』도 책으로 엮어 내놓았습니다.
목민심서는 목민관, 즉 고을 수령이 지켜야 할 도리를 밝힌 책이며, 흠흠심서는 형벌을 다루는 것에 대한 내용을 담은 책입니다. 그 밖에도 역사 지리서인 『아방강역고』, 속담을 모은 책 『이담속찬』 등 수많은 책들을 펴냈습니다.

이런일 저런일

서양 세력이 밀려오고 실학이 일어나다

임진왜란과 병자호란, 두 차례에 걸친 전쟁으로 나라의 많은 땅이 못 쓰게 되고 백성들은 큰 고통을 당하였는데, 나라 일을 맡은 벼슬아치들은 자신들의 이익을 위해 당파 싸움만을 일삼았습니다. 이때에는 서양의 학문과 기술이 많이 소개되었고, 우리 나라에서도 서양의 발달된 문물을 받아들여 잘 사는 나라를 만드는 학문을 연구하자는 주장이 많이 나왔습니다. 이들은 실제 생활에 이용되고 백성의 생활을 향상시킬 수 있는 방법을 연구하였는데 이를 '실학'이라 하며, 이러한 실학을 연구한 학자들을 실학자라고 합니다.

대동여지도를 만든 지리학자
김정호 (?~1864년)

조선 시대 지리학자. 백성들을 위해 정밀한 지도를 만들기로 결심한 뒤 나라 곳곳을 두루 돌아다니며 조사·연구하였고, 오늘날의 지도와 매우 흡사한 '대동여지도'를 만들었다.

"우리 나라 방방곡곡을 한눈에 볼 수 있을 거야!"
_대동여지도를 완성해 목판에 새기다 (1861년)

김정호는 전국 방방곡곡을 돌아다니며 오랫동안 조사한 끝에 드디어 '청구도'라는 지도를 만들었습니다. 그런데 청구도는 종이에 직접 그린 것이라 많은 사람들에게 나누어 줄 수가 없었습니다. 김정호는 지도를 인쇄할 수 있도록 목판에 새기기로 결심하였습니다. 그리고는 끼니를 제대로 잇지도 못하면서 나무를 삶고 그늘에 말려 톱으로 고르게 편 다음, 일일이 손으로 목판을 파 지도를 새겼습니다. 작업을 시작한 지 드디어 27년, 126개의 목판 앞뒷면으로 '대동여지도'가 완성되었습니다.
"이제 누구나 우리 나라의 산과 강, 고을을 한눈에 볼 수 있게 되었어!"

대동여지도의 뛰어난 점

 글씨를 가능한 한 줄이고, 내용을 기호화하는 현대 지도와 같은 형식을 보여 주었다.

 도로, 군현의 경계 표시, 봉수, 역원, 1,100여개에 달하는 섬, 목장 등 전국의 중요한 정보가 빠짐없이 담겨 있다.

 지도에 십 리마다 점을 찍어 거리를 쉽게 측정할 수 있고, 산성과 봉수대를 표시하여 군사 지도로도 쓸 수 있게 만들었다.

 목판본 지도로 만들어 지도의 보급과 대중화에 큰 역할을 했다. 상인을 비롯한 여러 계층의 사람들에게 큰 도움을 주었다.

 우리 나라에서 가장 큰 전국 지도이면서도 보기 쉽고 가지고 다니기 쉽게 만들었다. 접었다 폈다, 붙였다 떼었다 하면서 전국의 필요한 부분을 볼 수 있는 편리한 지도이다.

새로운 지도들을 완성하다

김정호는 어려서부터 우리 나라를 정확히 지도로 그려내는 것에 관심이 많았습니다. 그러나 당시의 자료와 기술로는 정확한 지도를 만들기가 쉽지 않았답니다. 옛날부터 내려오는 많은 지리지와 지도가 있었지만 서로 다른 기록이 많았으며, 산천은 변했는데 기록된 내용은 이미 옛날 것이 대부분이었습니다. 김정호는 이런 점을 보완하고 새로 고쳐서 서울 지도인 『수선전도』와 천문 관측에 필요한 경선과 위선을 표시한 전국 지도 『청구도』 등의 지도를 완성하였습니다.

평생의 작업 '대동여지도'

김정호가 만든 대동여지도는 종이에 직접 그려 만든 이전의 지도와는 달리 목판에 조각을 하여 찍어낸 목판 지도, 즉 인쇄본 지도입니다. 한 번 새겨 놓으면 얼마든지 종이에 찍어낼 수 있어 한꺼번에 많은 지도를 만들 수 있었습니다. 대동여지도는 오늘날의 지도와 비교해도 손색이 없을 정도로 아주 정확합니다. 우리 나라 옛지도 중 최고의 작품이라 할 수 있지요. 지도 이름에 들어간 '대동'은 우리 나라를 일컫는 말로 동방의 큰 나라라는 뜻이랍니다.

3권의 전국 지리지

김정호는 전국 지도 말고도 전국 지리지인 『동여도지』 『여도비지』 『대동지지』를 만들었습니다. 지리지란 그 지방의 기후나 토지, 산물, 인구 등의 상태, 그리고 그 지방과 관련된 과거와 현재의 중요한 사실들을 기록한 책이랍니다.

이런일 저런일

조선 말기, 급변하는 사회

김정호가 활동하던 시기는 조선 말기로, 그 동안 교류가 없던 서양 세력이 밀려오고 그들의 새로운 문물이 빠르게 전해지던 때였습니다. 그런데 나라 안은 양반 벼슬아치들의 권력 다툼으로 정치가 부패하고, 살기 어려워진 백성들이 민란을 일으키는 등 혼란하기 짝이 없었습니다. 이러한 사회 환경 속에서 평민 출신의 김정호가 홀로 전국 지도와 지리지를 완성하고 간행하여 우리 국토에 대한 체계적인 정보를 모아낸 것입니다. 이러한 사실 역시 사회의 변화를 말해 주는 것이기도 합니다. 그 전까지 지도와 지리지의 내용은 군사적으로 매우 중요한 것이어서 개인이 아무나 만들 수 없었으니까요.

조선의 지리학자 김정호

일제 강점기

조선 말기 우리 나라는 끊임없는 외세의 침략으로 큰 혼란을 겪었고, 국토는 황폐해졌으며 백성들의 생활도 힘들어졌습니다. 이런 어려운 때를 틈타 외국 세력이 들어와 정치에 간섭하였고, 때로는 우리 땅에서 저들끼리 세력 다툼을 하기도 하였습니다. 우리 민족은 발달된 외국의 문물을 받아들이고 다시 나라의 힘을 찾으려고 했지만, 일본의 힘과 억압에 눌려 끝내 나라의 주권을 빼앗기고 일본의 지배를 받게 되었습니다. 일본 제국주의가 나라를 지배하던 시기, 우리 조상들은 나라의 독립을 되찾기 위해 끊임없이 노력하였습니다. 중국 상하이에 임시 정부를 수립하였고, 수많은 독립 투사들이 각지에서 힘겹게 독립 운동을 벌여 나갔습니다. 급박하게 변하고 달라져 가던 시대, 암울하기만 했던 일제 강점기에 나라의 독립을 위해 목숨을 바쳐 큰 일을 해낸 인물에는 누가 있을까요? 그들의 삶의 모습은 어떠했을까요?

독립신문을 펴낸 독립 운동가
서재필 (1866년 ~ 1951년)

한말의 독립 운동가. 김옥균 등과 함께한 갑신정변이 실패로 돌아가자 일본을 거쳐 미국으로 망명하였다. 백성을 깨우치고 백성의 뜻을 담는 최초의 한글 신문「독립신문」을 만들었다.

'백성들의 뜻을 담는 신문을 만들어야지'
_독립신문을 창간하여 조국의 자주 독립에 힘쓰다 (1896년)

조그만 공장의 인쇄기가 철커덕 철커덕 소리를 내며
한글로 된 신문을 뽑아내기 시작했습니다.
"됐다! 드디어 신문이 나오고 있어!"
인쇄되어 나오는 신문을 보며 감격해하는 사람은 다름 아닌 서재필이었습니다.
서재필이 살던 때에는 일본과 러시아 등 제국주의 세력들이 우리 나라에 들어와
서로 더 많은 이익을 차지하기 위해 싸우고 있었고,
힘이 약한 우리 나라는 그 틈바구니에서 당하고만 있었습니다.
'나라의 형편을 백성들에게 알리고, 또한 백성들의 뜻을 담을 수 있는 신문을 만들자.
누구나 쉽게 볼 수 있는 한글 신문으로…'
미국에 망명해 있던 서재필은 고국으로 돌아와 신문을 만들기 시작했습니다.
바로 우리 나라 최초의 한글 신문, 최초의 민간 신문인「독립신문」입니다.

갑신정변의 실패로 미국에 망명하다

서재필은 김옥균, 홍영식 등과 함께 서양 문물을 받아들이는 개화 사상으로 나라를 개혁하고자 갑신정변을 일으켰습니다. 그러나 갑신정변은 3일 만에 실패로 돌아갔고, 서재필을 비롯하여 이를 주도했던 이들은 일본으로 망명하게 되었습니다. 서재필은 일본의 냉대가 심해지자 다시 미국으로 건너갔고, 주위의 도움으로 워싱턴 의과 대학을 졸업하여 한국인 최초의 양의사가 되었습니다.

독립신문을 만들고 독립협회를 조직하다

11년 만에 고국으로 돌아온 서재필은 정부의 지원금을 받아 독립신문을 만들고 독립협회도 조직했습니다. 독립협회는 토론회와 연설회를 자주 열어 젊은이들을 일깨우고 민중 계몽 운동에 힘써 나갔습니다.

독립문을 세우다

서재필은 독립협회 활동을 통해 나라의 주권을 되찾고자 노력하였습니다. 그는 조선 시대 때 청나라의 사신을 맞이하고 대접했던 장소인 모화관을 독립관으로 바꿔 독립협회의 집회장으로 사용하였습니다. 그리고 그곳의 영은문이 헐린 자리에 독립 정신의 상징으로 독립문을 세웠습니다.

자신의 전재산을 독립 운동 자금으로

서재필은 정부의 정책을 비판하고 주변 강대국의 침략을 비난하다 다시 추방당하는 신세가 되었습니다. 미국 펜실베이니아에서 병원을 열고 의료 사업을 하던 그는 1919년 3·1운동 소식과 상하이 임시 정부 수립 사실을 듣게 되었습니다. 서재필은 자신의 모든 재산을 정리하여 독립 운동 자금으로 바친 뒤 다시 독립 운동가로 활동하기 시작했습니다.

이런일 저런일

갑신정변을 일으킨 개화파 두 인물

김옥균과 박영효는 독립당의 중심 인물로, 우리나라를 하루빨리 자주적인 근대 국가로 만들고자 일본 공사 다케조에의 지원 약속을 받고 갑신정변을 일으켰습니다. 그러나 갑신정변 실패 후 두 사람의 운명은 크게 달라집니다. 김옥균은 집안이 풍비박산 난 채 일본에 망명했다가 결국 상하이에서 민씨 일파가 보낸 자객에게 암살 당했습니다. 그러나 박영효는 갑오개혁 이후 다시 실질 세력이 되어 큰 영향력을 행사하였고 결국은 친일파가 되고 말았답니다.

독립신문을 펴낸 서재필

일본 총독을 쏘아 죽인 애국 지사
안중근 (1879년 ~ 1910년)

독립 운동가. 일본에 나라를 빼앗기자 의병을 일으켜 일본과 싸웠으며, 만주 하얼빈에서 침략의 원흉 이토 히로부미를 총으로 쏘아 죽여 민족의 기상을 널리 떨쳤다.

"민족의 자존심이 너를 용서할 수 없다!"
_하얼빈에서 이토 히로부미를 저격하다 (1909년)

만주 하얼빈 역은 많은 인파와 러시아 헌병대의 삼엄한 경비로
북적거리면서도 긴장이 감도는 분위기였습니다.
일본의 총리대신과 조선 통감부의 초대 통감을 지낸 이트 히로부미가
러시아 재무대신을 만나러 하얼빈에 오기 때문이었지요.
손님들이 기차에서 내려 러시아 군 의장대를 사열한 뒤 걸어나올 때,
갑자기 날카로운 총소리가 울렸습니다.
"탕! 탕! 탕!"
누군가 삼엄한 경비망을 뚫고 들어와 이토 히로부미를 향해 방아쇠를 당긴 것입니다.
바로 안중근이었습니다.
강제로 을사조약을 맺어 대한제국의 주권을 빼앗은 일본 제국주의의 우두머리
이토 히로부미가 안중근의 손에 최후를 맞은 것입니다.
하얼빈 역에는 군악대의 연주 대신
안중근이 외치는 "대한 만세" "대한 만세" 소리만이 울려 퍼졌습니다.

나라를 구할 인재를 길러내다

1906년 안중근은 진남포로 가서 삼흥학교를 세우고 안창호, 이준 등 유명한 애국지사들을 초청해 강연회를 여는 등 백성을 깨우치는 일에 힘을 쏟았습니다. 그러나 일본이 강제적인 협정을 통해 우리 나라를 식민지로 만들려 하자, 교육만으로는 나라를 구할 수 없다고 생각해 해외로 건너가 더욱 실제적인 투쟁을 벌이기로 결심하였습니다.

의병을 조직해 일본군을 공격하다

1907년, 안중근은 진남포를 떠나 러시아 땅인 연해주 지방의 블라디보스토크로 갔습니다. 그리고는 김두성을 총독으로, 이범윤을 대장으로 하여 의병 부대를 조직하고 자신은 참모 중장이 되었습니다. 그해 7월, 회령에서 일본군 수비대 5천여 명을 물리치는 등 13일 동안 30여 차례의 싸움을 벌여 큰 승리를 거두었답니다.

침략의 원흉 이토 히로부미를 암살하다

1909년 가을, 블라디보스토크에서 안중근은 이토 히로부미가 하얼빈을 방문한다는 소식을 들었습니다. 안중근은 독립투사 정재관, 김성무 등 여러 동지들과 함께 이토 히로부미를 없앨 계획을 세운 뒤, 10월 21일 동지 우덕순과 함께 하얼빈으로 향했습니다. 이토 히로부미는 일본의 총리대신을 지낸 인물로, 우리 나라에 을사조약을 강제로 맺게 하여 우리 주권을 빼앗는 데 중심이 되었던 사람입니다.

안중근은 하얼빈 역에서 민족의 독립과 동양의 평화를 위해 그를 저격하였고, 그는 안중근의 총에 맞아 병원으로 옮겨졌으나 숨을 거두고 말았습니다.

일본군을 떨게 한 독립군 총사령관
김좌진 (1889년~ 1929년)

일제 강점기의 독립 운동가. 광복단에서 활동하다 만주로 건너가 대한 정의단(북로 군정서)의 총사령관이 되어 독립군을 훈련시켰다. 일본군과 싸워 여러 번 승리했다.

"독립의 그날까지 목숨을 걸고 싸우리라"
_청산리 전투에서 일본군을 크게 물리치다 (1920년)

'조금만, 조금만 더 계곡 속으로 들어와라. 조금만 더!'
계곡 입구에 일본군들의 모습이 보이자 누군가 계곡 위에서 작은 소리로 간절하게 혼잣말을 했습니다.
드디어 일본군의 행렬이 계곡 안으로 깊숙이 들어서자 그 작은 목소리의 주인공은 계곡이 떠나갈 듯 큰 소리로 외쳤습니다.
"이때다, 공격하라! 일본군을 한 놈도 살려 보내지 마라!"
그는 바로 만주 독립군의 대장인 김좌진 장군이었습니다.
일본군들은 느닷없는 호령과 함께 쏟아지는 총탄으로 우왕좌왕 갈팡질팡 어찌할 바를 몰랐습니다. 다시 전열을 가다듬고 기관총과 대포 등 온갖 최신 무기를 총동원해 독립군에게 대항했지만, 이미 전세는 독립군에게 기울어 있었습니다. 전투가 끝났을 때, 일본군은 전사자가 1,254명이었으나 독립군은 전사자 1명, 부상자 5명뿐이었습니다.
이 전투가 바로 독립운동사에 찬란히 빛나는 '청산리전투'였으며 그 전투를 승리로 이끈 지도자는 독립군 북로 군정서 총사령관인 김좌진 장군이었습니다.

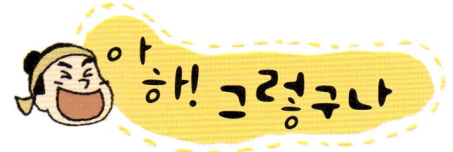 아하! 그렇구나

신민회에 가입해 독립 운동을 시작하다

김좌진은 안창호가 중심이 되어 만든 비밀 결사 단체 '신민회'에 가입하였습니다. 김좌진은 '나라가 날로 위태로워지는 이때에 더 이상 교육이나 산업에만 몰두해서는 안 된다. 우리도 군사력을 길러야 한다.'며 서간도에 독립군 기지를 건설하고 무관 학교를 세워 군사 요원을 길러야 한다고 주장하였습니다.

북로 군정서의 총사령관이 되다

3·1 운동이 일어나고 중국 상하이에 임시 정부가 설립되자 김좌진은 서일과 만나 '북로 군정서'라는 독립군 부대를 창설하였습니다. 총사령관이 된 김좌진은 사관 양성소를 설립하여 장교 양성에 힘썼습니다.

청산리전투에서 일본 군을 크게 무찌르다

만주 지역에 독립군이 창설되자 일본군은 2개 사단 병력(약 2만5천 명)을 만주로 보냈습니다. 이를 알게 된 독립군 총사령관 김좌진은 독립군을 이끌고 청산리에서 일본군을 기다렸다가 공격해 큰 승리를 거두었습니다. 이것이 바로 무장 독립 운동 사상 최대의 전과를 올린 '청산리전투'랍니다.

이런일 저런일

또 한 명의 독립군 호랑이 홍범도

홍범도 장군은 김좌진 장군과 함께 독립군 전투의 대승리를 이끈 인물입니다. 1907년 전국적으로 의병이 일어나자 11월에 '산포대'를 조직하여 갑산 등지에서 일본군을 격파하였습니다. 또한 1919년에 3·1 운동이 일어나자 대한독립군의 총사령관이 되어 약 400명의 독립군으로 1개 부대를 편성한 뒤 국내에 잠입해 일본군을 급습하여 높은 전과를 거두기도 하였습니다. 1920년 6월 일본군이 독립군의 본거지인 '봉오동'을 공격해 오자 700여 명의 독립군을 지휘, 3일간의 치열한 전투 끝에 120여 명을 사살하여 그때까지의 독립군이 올린 전과 중 최대의 승전을 기록하였습니다.

독립군 총사령관 김좌진

애국가를 작곡한 세계적인 음악가
안익태 (1906년~1965년)

일제 강점기의 음악가. 일본과 미국, 유럽 등지에서 음악 공부를 하였다. 세계 유명 오케스트라들의 지휘를 맡아 유럽에서 작곡자로, 지휘자로 크게 이름을 날렸다.

"자, 나를 따라 불러 보십시오. 동해물과 백두산이~"
_베를린 올림픽에서 처음 애국가를 부르다 (1936년)

세계적인 음악가 슈트라우스에게 음악을 배우기 위해 독일로 간 안익태는
마침 베를린 올림픽의 개막식을 볼 수 있었습니다.
일장기를 앞세우고 입장하는 선수들 중에는 한국 선수들도 몇 명 있었습니다.
개막식이 끝나자 안익태는 경기장 한쪽 잔디밭에서 쉬고 있는
한국 선수들을 찾아가 악보를 펴 보이며 말했습니다.
"여러분, 이 노래는 대한국과 여러분을 응원하기 위해 만든 응원가입니다.
자, 나를 따라 불러 보십시오. 동해물과 백두산이 마르고 닳도록…."
한국 선수들이 어리둥절해하며 받아든 악보에는 '대한국 애국가' 라는 글씨가 적혀 있었습니다.
그로부터 15일 후, 올림픽의 꽃이라 불리는 마라톤에서 손기정 선수가 1위,
남승룡 선수가 3위를 차지하였습니다.
안익태는 혼자서 애국가를 부르고 또 불렀습니다.

3.1 운동에 가담하여 학교에서 쫓겨나다

안익태는 3.1 운동에 참여했다는 이유로 학교를 다닐 수 없게 되었고 일본 경찰에 쫓기는 몸이 되었습니다. 안익태는 당시 숭실학교 교장인 마우리 박사의 도움으로 일본 유학길에 올랐습니다.

「코리아 환상곡」을 완성하다

일본에서 음악을 공부한 안익태는 미국으로 건너가 1935년 필라델피아 음악 대학을 졸업하고 창작에 힘썼습니다. 하숙비가 없어 하숙집에서 쫓겨나면서도 뉴욕 교향악단이 주최하는 작곡 콩쿠르에 응모하기 위해 「코리아 환상곡」의 작곡을 시작했답니다. 그해 11월에 애국가를 작곡하였고 다음 해인 1936년에는 「코리아 환상곡」을 완성하였습니다. 애국가의 선율에 붙인 합창으로 마무리하는 「코리아 환상곡」은 동양적인 신비와 우리 고유의 가락이 잘 어우러지는 그의 대표 작품으로, 세계 곳곳에서 연주되며 한국의 얼을 심어 준 명곡이 되었습니다.

지휘자로 이름을 날리다

안익태의 활동은 유럽을 중심으로 계속되었습니다. 1938년에는 아일랜드의 수도 더블린에서 처음으로 「코리아 환상곡」을 연주하는 감격을 맛보았지요. 안익태는 합창 부분의 가사를 우리말로 부르게 하여 나라 사랑하는 마음을 표현했으며, 그 뒤로 어디를 가나 「코리아 환상곡」의 합창 부분은 우리말로 부르게 하였습니다. 빈 필하모닉 오케스트라, 베를린 필하모닉 오케스트라, 로마 교향악단 등의 지휘를 맡았던 안익태는 스페인 음악가의 최고 영예인 궁전 음악 회원으로 뽑히면서 세계적인 지휘자로 평가받았습니다.

스페인의 안익태 거리

제2차 세계 대전이 끝나고 우리 나라가 해방된 1945년 안익태는 스페인의 국적을 얻었고, 마드리드 마요르카 교향악단의 상임 지휘자로 온 세계에 널리 이름을 떨쳤습니다.
1957년 고국에 와서 자신이 작곡한 「코리아 환상곡」「강천성악」 등을 지휘했으며, 1961년에는 국제 음악제를 개최하기도 했답니다. 그리고 1965년 9월 17일 스페인의 바르셀로나 병원에서 고국을 그리며 쓸쓸히 눈을 감았습니다.
스페인의 마요르카에는 음악가 안익태를 잊지 않으려는 뜻에서 '안익태의 거리' 라고 이름을 붙인 길이 있답니다.

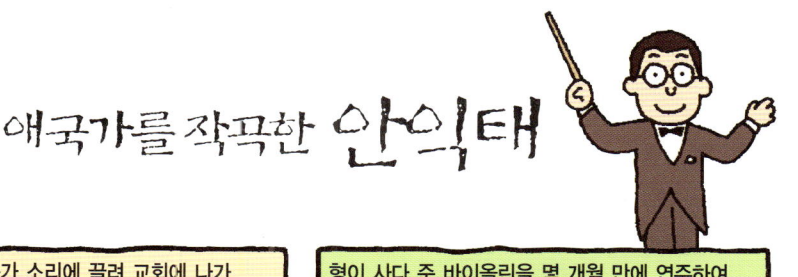

애국가를 작곡한 안익태

3.1 운동의 불꽃이 된 독립 투사
유관순 (1902년~1920년)

일제 강점기의 독립 운동가. 이화 학당의 학생 시절, 독립 만세 운동이 일어나자 고향으로 내려가 만세 운동을 이끌었다. 일제의 모진 고문으로 옥에서 숨졌다.

"나라의 독립을 위해 만세를 부릅시다!"
_아우내 장터에서 태극기를 나눠 주며 만세를 부르다 (1919년)

4월 1일, 음력 3월 1일날 충청남도 병천면 아우내 장터에는 사람들이 꾸역꾸역 모여들었고,
장터 어귀에서는 한 여학생이 사람들에게 무언가를 나눠 주고 있었습니다.
그 여학생은 유관순이었고, 나누어 주는 것은 바로 태극기였습니다.
"여러분! 우리 나라의 독립을 위해 만세를 부릅시다.
만세를 불러 조국의 독립을 외칩시다."
유관순이 앞장서서 '대한 독립 만세'를 외치자 사람들도 유관순의 뒤를 이어 만세를 불렀습니다.
일본 헌병들이 칼과 총으로 만세 부르는 사람들을 막아섰지만,
이미 만세 소리와 태극기의 물결은 아우내 장터를 넘어 한반도 방방곡곡으로 메아리쳐 갔습니다.

여러분! 나라의 독립을 위해 다함께 만세를 부릅시다. 대한 독립 만세!

3.1 독립 만세 운동에 참가하다

외국인 선교사의 추천으로 이화학당에 입학한 유관순은 1919년 3월 1일, 파고다 공원을 중심으로 일어난 독립 만세 운동에 참여하였습니다. 종로의 태화관에서는 민족 대표 33인이 기미 독립 선언서를 낭독하였고, 파고다 공원에서는 학생들을 중심으로 만세 운동이 벌어졌습니다. 이렇게 시작하여 전국 방방곡곡으로 퍼져 나간 독립 만세 운동을 '3.1운동'이라 부릅니다. 이때 유관순의 나이는 만 17세였습니다.

고향에서 만세 운동을 준비하다

3.1 운동으로 일제는 이화학당에 휴교령을 내렸습니다. 유관순은 가슴에 독립 선언서를 품고 고향인 천안으로 내려왔습니다. 고향에서 만세 운동을 벌이기로 결심한 것입니다. 4월 1일 아우내 장날, 장터에서 만세 운동을 벌이기로 계획한 유관순은 낮에는 학교와 교회를 찾아다니며 함께할 것을 권유하고, 밤에는 친구와 가족들과 함께 태극기를 만들며 치밀하게 준비하였습니다.

아우내 만세 운동에 앞장서다

4월 1일 아우내 장날, 12시 정오가 되자 독립 선언서가 낭독되었고, 3천 명의 사람들이 '대한 독립 만세'를 부르며 장터를 누비고 다녔습니다. 그 행렬의 맨앞에는 유관순이 있었답니다. 일본 헌병들은 총칼을 휘두르며 막아섰고, 수많은 사람들을 참혹하게 죽였습니다. 이 과정에서 유관순의 아버지와 어머니는 무참히 총살당했고, 유관순은 부상을 입은 채 운동의 주동자로 체포되어 갖은 고문을 받은 뒤 공주 감옥으로 보내졌습니다.

옥중에서 만세를 부르다 19세의 나이로 순국하다

체포된 유관순은 3년형을 선고받았습니다. 또한 "한국인이 일본인에게 재판을 받을 수 없다."고 항의하며 의자를 집어던져 법정 모독죄로 가중 처벌되었고, 7년형을 선고받아 서대문 형무소로 옮겨졌습니다. 옥중에서도 대한 독립 만세를 부르며 항일 운동을 멈추지 않았던 유관순은 악독한 고문에 못 이겨 1920년 10월 12일 오전 8시, 19세의 나이로 세상을 떠났습니다.

이런일 저런일

3.1 운동이 일어나기까지

유관순이 이화 학당에 학생으로 있을 때는 일본에 나라의 주권을 빼앗기고 조선총독부의 통치를 받는 시기였습니다. 조선총독부가 식량과 각종 자원 등을 모조리 빼앗아가고 우리 고유 문화를 탄압하며 민족 말살 정책을 펴자 나라 곳곳에서 독립 투쟁이 벌어지기 시작하였습니다. 그러던 중 미국의 윌슨 대통령이 주장한 '민족 자결주의'(민족 의식을 가진 민족은 독자적으로 자신의 국가를 형성하고 정부를 선택할 수 있다는 주장)는 약소국들에게 큰 희망을 주었고, 이를 계기로 3.1 운동이 일어나게 되었습니다.

3.1 운동의 불꽃 유관순

나라의 독립과 통일에 바친 한 몸
김구 (1876년~1949년)

일제 강점기의 독립운동가. 3.1운동이 일어나자 중국 상하이로 건너갔다. 대한민국 임시 정부에서 활동하며 광복군을 창설하고 훈련시켜 무장 독립 운동을 주도했다.

"나라를 위해서라면 문지기라도 기쁘겠습니다"
_상하이 임시 정부의 중심 인물이 되다 (1919년)

상하이에 도착하자마자 김구는 임시 정부의 국무총리인 안창호를 찾아가 이렇게 말했습니다.
"내가 일찍이 감옥에서 뜰을 쓸고 창을 닦을 때마다 하느님께 소원하기를,
우리 나라 정부가 서거든 내가 그 집 마당을 쓸고 유리창을 닦게 해 달라고 했습니다.
그러니 내가 꼭 임시 정부의 문지기 노릇을 해야겠습니다."
안창호를 비롯한 임시 정부 사람들은 모두 자신을 낮추고 희생하며 진정으로 나라를
생각하는 김구의 애국심에 감동하며 말했습니다.
"김구 선생님. 그럴 순 없습니다. 임시 정부의 경무국장을 맡아 주십시오."
그래서 김구는 상하이 임시 정부의 경찰 간부인 경무국장을 맡게 되었고, 그 뒤로 내무총장,
국무령을 지낸 뒤 1944년에는 대한민국 임시 정부의 대표인 주석이 되었습니다.

일본의 군사 간첩을 죽이고 감옥에 들어가다

젊은 시절 김구는 대동강 하류의 치하포 주막에서 수상한 일본인을 만났습니다. 명성황후를 살해한 미우라 공사나 그 일당의 하나로 단정한 김구는 순식간에 그를 죽이고 정체를 확인하였습니다. 그는 일본의 군사 간첩이었고, 이 일로 그는 인천 감옥에 수감되었습니다. 김구는 재판을 받으면서 자신의 행동이 국모의 원수를 갚기 위한 것임을 당당하게 알려 관리들과 수감자들은 물론 인천 시민들에게 큰 감동을 불러 일으켰습니다.

상하이 임시 정부에서 활동하다

김구는 일본의 압력으로 사형 판결을 받았으나 국왕의 특별 사면으로 집행이 중지되었습니다. 그러나 감옥 밖으로 나가는 것이 자꾸 미루어지자, 스스로 탈옥하여 떠돌다 고향으로 돌아와 학교에서 학생들을 가르쳤습니다. 3. 1 운동으로 일본 경찰들의 감시가 심해지자 상하이로 건너가 임시 정부의 일을 하였습니다. 처음에는 경찰의 우두머리인 경무국장이 되었고, 그 뒤로 임시 정부의 최고 자리인 국무령과 주석에까지 올랐습니다.

한인 애국단을 조직해 이봉창과 윤봉길 의거를 이끌다

김구는 특수 공작을 수행할 애국 청년들을 모아 한인 애국단을 조직하였습니다. 치밀한 준비 끝에 1931년에는 두 개의 커다란 의거를 이끌었는데, 바로 이봉창의 일본 왕 저격 사건과 윤봉길의 홍커우 공원 폭탄 투척 사건이었습니다. 이 두 사건은 우리 민족의 독립 정신을 세계에 널리 알려내, 임시 정부가 중국의 지지를 받는 등 독립 운동의 새로운 국면을 여는 계기가 되었습니다.

한국 광복군을 창설하여 일본 군에 대항하다

김구는 무장 독립 투쟁을 벌여 나가기 위해 한국 광복군을 창설하였습니다. 지청천을 총사령관, 이범석을 참모장, 그리고 황학수를 서안의 전방사령관에 선임하여 일본군에 대항하였습니다. 30여 명의 인원으로 미주 교포의 성금을 바탕으로 출발한 광복군은 김원봉이 지휘하던 조선 의용대까지 통합하면서 점점 병력을 늘려 나갔습니다. 이들은 대한민국의 이름으로 일본에 선전 포고를 하는 한편, 낙하산 부대를 만들어 국내 침투 훈련을 실시하며 일본과의 전투를 준비했으나 훈련 중에 8.15 광복을 맞이하게 되었습니다.

나라를 위해 살다 간 김구

이 땅 모든 어린이들의 친구
방정환 (1899년 ~ 1931년)

일제 강점기의 아동문학가. 처음으로 어린이라는 말을 사용했다. 어린이를 위해 동화집을 쓰고 천도교 소년회를 통해 소년 운동을 벌였으며, 처음으로 어린이날을 정하였다.

"어린이들을 위한 날도 만들어야 해"
_이 땅의 모든 어린이들을 위해 '어린이날'을 제정하다 (1927년)

방정환은 아이들을 위해 「어린이」라는 잡지를 만들기로 했습니다.
'어린이'라는 말을 널리 퍼뜨리기 위해서입니다.
'어린이라고 아이들을 높여 부르면 아이들을 위하는 마음이 생기겠지.'
어린이를 위할 줄 모르는 어른들을 깨우치기 위해 '어린이날'도 만들어야겠다고 생각했습니다.
'어린이날을 만들면 그날을 기념해 어린이들에게 더 큰 관심을 가질 거야.'
방정환은 일본 도쿄에서 '색동회'라는 조직을 만들었고,
그것을 기념하기 위해 서울에서 5월 1일 어린이날 기념식을 열었습니다.
그리고 1927년 소년 운동 단체 '오월회'와 함께 '조선 소년 연합회'를 조직하고
위원장에 당선되어 어린이날을 5월 첫째 일요일로 정하였습니다.
그 후 어린이날은 일제의 강압과 방해를 받아 열리지 못한 때도 있었지만,
그 뜻은 계속 이어져 1957년 대한민국 어린이헌장이 제정·선포되면서 5월 5일로 정해졌습니다.

3.1 운동에 독립 선언문을 돌리다

1919년 3월 1일 독립 만세 운동이 일어나자, 방정환은 독립 선언문을 사람들에게 돌렸습니다. 그 후 일제의 감시를 피해 일본 도쿄로 유학을 갔고, 도요대학 철학과에 입학하여 아동 심리와 아동 문학을 공부하였습니다.

어린이라는 말을 처음으로 사용하다

1921년 5월 1일, 개벽사 주간인 김기전, 이정호와 함께 천도교 소년회를 조직하였습니다. 소년회는 '씩씩하고 참된 소년이 됩시다. 그리고 늘 사랑하며 도와갑시다' 라는 표어를 걸고, 어린이에게 존댓말 쓰기 운동을 펼쳤습니다. 어린이라는 말도 이때 처음으로 사용하였답니다. 그전에는 이놈, 어린 것, 애새끼라는 말밖에 쓰지 않았어요.

어린이날을 정하다

1922년 5월 1일에는 처음으로 어린이날을 정하였고, 1923년에는 일본 도쿄에서 아동 문화 운동 단체인 '색동회'를 만들었어요. 색동회에서는 어린이를 위한 여러 가지 행사를 열었습니다. 동화 구연 대회가 많았는데, 방정환은 뛰어난 이야기꾼이어서 어린이들에게 많은 사랑을 받았다고 합니다. 강연회와 동화 구연, 잡지 발간과 라디오 방송 등 어린이를 위한 활동에 전념하던 방정환은 32세의 젊은 나이로 세상을 떠났습니다.

이런일 저런일

어린이를 위한 첫 동화집

일본에 공부하러 간 방정환은 늘 우리 나라 어린이들에 대한 생각뿐이었습니다. 나라와 민족의 미래를 위해 '소년 운동'을 하기로 결심했기 때문입니다. 어느 날 서점을 둘러보던 방정환은 아이들을 위해 만든 세계 명작 전집을 보게 되었습니다. '그래! 일본 아이들에게 뒤처지지 않고 훌륭하게 자라려면 우리 아이들에게도 이런 세계 명작을 읽도록 해 줘야 해.' 그때부터 방정환은 하숙방에서 밤을 새가며 세계 명작을 우리말로 옮기기 시작했고 우리 나라의 첫 동화집 『사랑의 선물』을 엮었습니다. 그리고는 머리말을 이렇게 써 내려갔습니다. '힘든 생활을 하며 자라나는 우리 나라의 어린 사람들을 위하여, 그윽히 동정하고 아끼는 사랑의 첫 선물로 나는 이 책을 짰습니다.'

어린이들의 친구 방정환

부록

인물로 보는 우리 나라 연표

한반도에 처음 고조선이라는 나라를 세운 단군, 진취적인 기상으로 고구려를 세운 활 잘 쏘는 주몽, 한강 유역으로 내려와 백제를 세운 온조, 신라를 세운 박혁거세와 가야를 세운 김수로, 고구려 땅에 발해를 세운 대조영, 후삼국을 통일하고 고려를 세운 왕건, 위화도에서 군사를 돌려 고려를 멸망시키고 조선을 세운 이성계…. 이 땅에 새 시대를 열며 나라를 세운 인물들을 비롯하여 우리 역사에는 참으로 많은 인물들이 등장하여 역사의 뿌리를 내리고 줄기를 만들고 꽃을 피웠습니다. 이러한 인물들의 활약으로 당시의 정치와 경제, 사회와 문화, 생활과 풍습 이 바뀌었으며 나아가 역사가 변하였답니다. 그렇다면 우리 역사의 흐름을 바꾸거나 변화의 계기를 만든 역사적인 사건과 그 사건의 중심이 되는 인물들은 누구일까요? 본문에 나오지 않았지만 우리 역사에서 큰 역할을 했던 인물들을 통해 우리 역사의 흐름을 한눈에 살펴보고, 우리 역사와 역사 인물들에 대한 지식과 이해를 넓혀 봅시다.

기원전 2333년 — 단군 왕검, 고조선을 세우다

단군 왕검은 평양성에 도읍을 정하고 우리 민족 최초의 국가인 '조선'을 세웠다. 이어서 도읍을 아사달로 옮기고 청동기 문화를 바탕으로 나라를 발전시켜 나갔으며, '8조 금법'을 두어 개인의 생명과 재산을 보호하였다.

기원전 194년 — 위만, 고조선의 준왕을 내쫓고 조선의 왕이 되다

위만은 연나라 사람으로, 한나라가 중국을 통일하자 고조선으로 쫓겨 왔다. 고조선의 준왕은 부족을 이끌고 온 그를 받아들이고 서쪽 변경을 지키게 하였다. 위만은 점점 힘을 키워 준왕을 몰아내고 고조선의 통치자가 되었으며, 철기를 사용하며 막강한 세력을 키워 나갔다.

기원전 108년 — 고조선 우거왕, 한나라에게 멸망하다

고조선은 한반도 중남부 지역의 작은 나라들이 한나라와 교통하는 것을 막고 중계 무역의 이익을 독점하였다. 그러자 이를 못마땅하게 여긴 한나라가 고조선을 공격하였다. 고조선은 한나라의 공격을 몇 차례나 막아내었지만, 신하들의 내분으로 우거왕이 살해되면서 결국 한나라에 멸망하고 말았다. 한나라는 고조선 지역에 한 사군을 설치하였다.

기원전 57년 — 박혁거세, 신라를 세우다

신라의 건국 시조인 박혁거세는 왕비 알영 부인과 전국을 다니며 백성들에게 농사와 양잠을 권장하여 생산 증가에 힘썼다. 기원전 37년 서울에 성을 쌓아 '금성'이라 하였고, 기원전 32년에는 금성에 궁실을 지어 나라의 기틀을 마련하였다.

기원전 37년 — 주몽, 고구려를 세우다

주몽은 동명성왕의 이름으로 고구려를 세운 인물이다. 동명성왕은 고대 국가인 부여왕의 아들로, 어려서부터 백발백중인 활의 명수여서 '활을 잘 쏘는 사람'이란 뜻의 '주몽'이란 이름을 얻게 되었다. 부여에서 졸본부여 지방으로 이동하여 '고구려'를 세우고 그곳의 토착 세력과 연합하여 나라의 세력을 키워 나갔다.

기원전 18년 — 온조, 백제를 세우다

졸본 지방에 와서 고구려를 세운 주몽은 졸본부여에서 아들을 둘 낳았는데 큰아들이 비류, 둘째 아들이 온조였다. 훗날, 주몽이 북부여에 있을 때 낳은 아들이 고구려에 와서 태자가 되자, 비류와 온조는 따르는 신하와 백성들을 이끌고 남쪽으로 향했다. 비류는 바닷가에 살고 싶어

미추홀(지금의 인천 지역)로 가서 정착하였고, 온조는 10명의 신하들과 하남 위례성에서 '십제'라는 나라를 세웠다. 비류는 미추홀의 땅이 습하고 물이 짜서 백성들이 편히 살 수 없자 이를 후회하다 죽었다. 그의 신하와 백성들은 모두 위례성으로 돌아왔고, 온조는 나라 이름을 '백제'로 고쳤다.

42년 김수로, 금관가야를 세우다

김수로는 김해 지역의 부족을 통합하여 금관가야를 세웠다. 금관가야는 신라와 여러 차례 세력 다툼을 벌이다가 532년, 신라에게 멸망당했다.

194년 명재상 을파소, 진대법을 실시하다

고구려의 국상(지금의 국무총리 같은 벼슬) 을파소는 흉년이 들거나 식량이 부족한 봄에 곡식을 꾸어 주고 가을 추수 때 갚게 하는 빈민 구제 제도인 진대법을 건의하여 실시하였다.

400년 광개토대왕, 군사를 지원하여 신라를 도와주다

신라는 왜(일본)와 가까이 있어 왜구의 침략을 자주 받았다. 백제와 가야·왜가 연합하여 신라를 공격하자 신라의 내물왕은 고구려에 도움을 요청하였다. 고구려의 광개토대왕은 보병과 기병 5만 명을 이끌고 신라를 도와 백제와 가야·왜의 연합군을 크게 무찔렀다.

405년 백제의 왕인, 일본으로 건너가 유학을 전해 주다

427년 고구려 장수왕, 평양으로 수도를 옮기다

고구려 장수왕은 427년 국내성에서 평양으로 수도를 옮겼다. 이후 고구려는 최대의 전성기를 누리게 된다.

512년 이사부, 우산국을 정벌하다

신라 지증왕 13년 6월에 이사부는 우산국(지금의 울릉도)을 정벌하고 해마다 토산물을 바치게 하였다. 이사부는 나무 사자를 진짜 사자인 것처럼 꾸며 배에 싣고 우산국 사람들을 위협하여 항복을 받아냈다고 한다.

527년 신라, 이차돈의 순교로 불교를 받아들이다

신라의 왕들은 왕권을 강화하고자 불교를 보급하려고 했으나 번번이 귀족들의 반대에 부딪혔다. 527년 법흥왕 때 이차돈이 불교 전파를 주장하다 목숨을 잃게 되었다. 이차돈은 자신이 죽고 나서 이적이 있을 것이라고 예언하였다. 그의 말대로 잘린 목에서 흰 피가 나왔고, 하늘이 어두워지고

땅이 흔들리면서 꽃비가 내렸다. 이로 인해 법흥왕은 귀족들의 마음을 돌리고 불교를 신라의 국교로 인정할 수 있었다.

551년 가야의 우륵, 신라로 망명하다

가야국의 우륵은 12현금(가야금)을 만들고 이 악기의 연주곡을 만들었는데, 가야가 망하면서 신라로 건너와 살게 되었다. 신라의 진흥왕은 우륵에게 가야금곡을 짓게 하고 신라의 궁중 음악으로 삼았다.

590년 온달, 아단성에서 신라군과 싸우다 전사하다

고구려 평원왕(평강왕)은 딸 평강 공주가 어릴 때 울기를 잘하자, '바보 온달'에게 시집을 보내겠다는 말을 자주 하였다. 온달은 눈먼 어머니를 극진히 모시며 걸식을 하고 다니는 청년으로, 순진한 모습이 우스꽝스러웠던지 사람들이 그를 바보 온달이라고 불렀다. 훗날, 평강 공주는 명문 집안으로 시집가는 것을 거부하고 궁궐을 나와 온달을 찾아갔다. 평강 공주와 결혼해 학문과 무예를 익힌 온달은 나라의 사냥 대회에 참가해 1등을 하였고, 북주군이 요동을 침입했을 때 고구려군의 선봉으로 큰 공을 세웠다. 고구려의 장군이 된 그는 영양왕 때, 한강 유역의 땅을 되찾고자 신라를 공격하였다가 아단성에서 전사하였다.

612년 을지문덕, 살수대첩으로 수나라에 대승을 거두다

632년 선덕여왕, 동양 최초의 천문대인 첨성대를 세우다

신라 26대 진평왕은 아들이 없어 딸이 왕위를 계승하였는데, 바로 우리 나라 최초의 여자 임금인 선덕여왕이다. 선덕여왕은 뛰어난 지혜를 발휘하여 신하들과 백성들의 존경을 받았다. 전국에 관원을 파견하여 백성들의 어려움을 돕게 하며 민심을 안정시켰으며, 첨성대와 황룡사 같은 뛰어난 건축물을 세워 문화의 꽃을 피웠다.

642년 연개소문, 천리장성을 쌓고 정권을 잡다

수나라의 뒤를 이은 당나라가 동북아시아 쪽으로 세력을 뻗치자 고구려의 연개소문은 전쟁을 대비해 천리장성을 쌓았다. 또한 자신을 제거하려는 반대 세력을 몰아내고 보장왕을 세운 뒤 대막리지라는 지위로 정권을 장악하였다. 고구려군을 지휘하여 당나라의 막강한 공격을 여러 차례 막아내었다.

645년 양만춘, 안시성 전투에서 당나라를 물리치다

여러 차례 고구려 침략을 엿보던 당나라의 태종은 645년 군사를 일으켜 고구려를 공격해 왔다. 당나라 군대는 50만

명을 동원하여 60일에 걸쳐 흙으로 안시성보다 더 높은 토산을 쌓았다. 그러나 고구려군에 의해 토산은 무너지고 말았고, 양만춘의 지휘에 따른 철통같은 방어로 끝내 성을 빼앗지 못하고 물러갔다.

660년 · 백제 장수 계백, 황산벌 전투에서 전사하고 백제 멸망하다

661년 · 신라 승려 원효와 의상, 당나라 유학길에 오르다
원효와 의상은 불교를 더욱 깊이 공부하기 위해 당나라로 유학을 가게 되었다. 유학을 가던 도중 원효는 깨달음을 얻고 그 길로 다시 돌아와 불교의 대중화에 큰 업적을 남겼다. 의상은 유학을 다녀와 화엄종의 창시자가 되었다.

677년 · 신라 문무왕, 당나라를 몰아내고 삼국을 통일하다
661년 태종 무열왕이 삼국을 통일하지 못하고 죽자 그의 아들인 법민이 왕위를 이었는데 그가 바로 '문무왕' 이다. 당나라는 백제, 고구려의 옛 땅을 차지하고 나아가 신라마저도 지배하려는 야심을 드러내었다. 이에 문무왕은 백제, 고구려의 유민들과 힘을 합쳐 한반도에서 당나라의 군대를 몰아내고 삼국을 통일하였다.

699년 · 대조영, 만주 지역에 발해를 세우다

727년 · 신라의 혜초, '왕오천축국전'을 쓰다
신라의 승려 혜초는 인도의 각 지역과 중앙아시아를 여행하고 그들의 종교와 풍속, 문화 등을 기록한 기행문 『왕오천축국전』을 썼다. 이 책은 불교와 중앙아시아 연구에 중요한 자료가 되었다.

751년 · 김대성, 석굴암과 불국사 창건

828년 · 신라 장보고 청해진 설치

892년 · 견훤, 후백제를 세우다
진성여왕 시대, 견훤은 892년 전라도 일대를 점령하고 900년 완산주(지금의 전주)에서 스스로 왕이라 칭하고 나라 이름을 후백제라고 하였다.

901년 · 궁예, 후고구려를 세우다
궁예는 신라의 힘이 약해져 여러 지역에 반란이 일어나자 892년 양길의 부하로 들어가 강원·경기·황해도 일대를 공격하여 많은 군사를 모으고 세력을 키웠다. 후에 양길을 물리치고 더욱 세력을 키워 고구려의 부흥을 내세우며 스스로 통치자가 되어 후고구려라는 나라를 세웠다.

918년 ### 왕건, 고려를 건국하다
왕건은 개성 지역의 호족으로 궁예를 도와 백제의 거센 공격을 막아내는 등 후고구려의 군사를 총 지휘하였다. 궁예의 횡포가 심해지자 후고구려를 세우는 데 큰 공을 세운 공신들이 중심이 되어 918년 정변을 일으켰고, 이에 왕건이 왕위에 올랐다. 나라 이름을 '고려', 연호를 '천수'라 하였다.

936년 ### 고려 왕건, 후삼국 통일
936년 9월 고려 왕건은 후백제를 멸망시키고 신라의 항복을 받아내 후삼국을 통일하였다.

943년 ### 고려 태조 왕건, 훈요십조를 유언으로 남기다

958년 ### 광종, 과거 제도를 실시하다
광종은 유교 사상을 따르고 능력 있는 인재를 뽑아 왕 중심의 관료 사회를 만들고자 과거 제도를 실시하였다. 이후 과거 제도는 조선 시대까지 이어지는 대표적인 인재 선발 제도가 되었다.

982년 ### 최승로, 성종 임금에게 '시무 28조'를 올리다
최승로는 유교 정치 이념에 따른 임금과 신하의 바른 관계, 백성을 위한 정치 개혁 등에 대한 내용을 담아 '시무 28조'를 올렸다. 성종은 이를 바탕으로 강력한 개혁 정치를 펼쳐 나갔다.

993년 ### 서희, 거란의 소손녕과 외교 담판을 벌여 거란의 군대를 철수시키다

1019년 ### 강감찬, 귀주대첩에서 거란의 대군을 물리치다

1107년 ### 윤관, 여진을 정벌하고 9성을 쌓다

1145년 ### 김부식, '삼국사기'를 편찬하다
김부식은 인종의 명을 받고 삼국의 역사서인 『삼국사기』를 편찬하였다. 총 50권으로 본기 28권, 지 9권, 연표 3권, 열전 10권으로 구성되어 있는 『삼국사기』는 조선 초기 『고려사』 등의 편찬에 큰 도움을 주었으나 사대주의적 태도와 신라 중심적 기록으로 비판받기도 하였다.

사실 제가 신라 출신이라 신라 중심으로 글을 썼습죠….

1170년 ### 정중부, 이고, 이의방 등의 무신들이 권력을 잡다
유교가 정치 이념으로 채택되면서 문신의 지위가 무신보다 훨씬 높아졌다. 무신들의

불만이 높아져 가는 가운데, 의종 때 문신인 김돈중이 무신 정중부의 수염을 태운 사건과 무신 이소응이 젊은 문신에게 뺨을 맞는 일 등이 벌어졌다. 분노한 정중부는 이의방, 이고 등과 함께 문신들을 살해하고 의종을 폐하여 거제도로 귀양 보내고, 명종을 내세워 새로운 정권을 세웠다. 이를 무신 정변이라 한다.

1196년 최충헌 집권하다

무신 정변 이후 1258년 최씨 정권의 최후 집권자인 최의가 죽기까지 약 90년간 무신들이 정치를 장악하였다. 정중부 이후 경대승, 이의민으로 이어지는 어지러운 정권 교체 후 최충헌과 그의 후손이 정권을 독점하였다. 1258년 최의가 김준에게 살해됨으로써 최씨 가문의 63년간의 집권이 끝나고, 무신 정치도 종지부를 찍었다.

1232년 김윤후, 몽고군 대장 살리타이를 사살하다

1231년 8월, 몽고가 고려를 침입하여 수도인 개경을 위협하게 되자 최의는 3군을 편성하여 몽고에 맞섰다. 몽고군은 군사를 철수하는 대신 40여 개의 성에 '다루가치'라는 관리를 두기로 하고 엄청난 공물을 요구하였다. 1232년 고려는 몽고군과 장기적으로 싸우기 위해 강화로 도읍을 옮겼다. 이해 12월 몽고의 2차 침입 때 김윤후가 처인성에서 몽고군의 대장 살리타이를 활로 쏘아 죽게 하였다.

1270년 배중손, 삼별초를 이끌고 몽고와 항쟁을 계속하다

고려는 몽고의 침략에 대항하다가 1270년 화친을 맺었고, 왕은 다시 개경으로 돌아왔다. 이에 몽고와의 전투에 앞장섰던 삼별초군은 배중손을 중심으로 강화도, 진도, 제주도로 이동하면서 끝까지 싸웠지만 3년 후 진압되고 말았다.

1281~1283년 일연, '삼국유사'를 편찬하다

고려 충렬왕 때의 명승 보각국사 일연이 신라·고구려·백제 3국에서 전해 내려오는 기록들을 모아 『삼국유사』라는 역사서를 편찬하였다. 『삼국유사』는 단군 신화를 비롯하여 많은 전설과 설화가 기록되어 있으며, 14수의 신라 향가도 실려 있다. 한국 고대 문학사를 연구하는 데 큰 도움을 주었다.

1287년 이승휴, '제왕운기'를 쓰다

이승휴는 상권은 중국의 역사를, 하권은 우리 나라의 역사를 다룬 『제왕운기』를 저술하였다. 이 책은 『삼국유사』와 더불어 가장 오래 된 문헌으로 단군 신화 연구에 중요한 자료가 되고 있다.

1345년 공민왕, 원나라를 물리치고 개혁 정책을 펼치다

공민왕은 어려서 원나라에 끌려가 살다가 원나라가 나이 어린 충정왕을 폐위시키고 자신을 왕으로 앉히자 귀국하여 왕위에 올랐다. 원나라의 힘이 점점 약해지고 있는 틈을 타 원나라의 간섭을 물리치고 고려의 중흥을 꾀하였다. 왕위에 오른 지 5년째인 1345년, 기철 등 원나라와 가까운 세력들을 조정에서 몰아내고 원나라를 배척하는 개혁 교서를 반포하였다. 정치 체제를 정비하고 세금을 줄여 백성들의 삶을 개선하려고 하였고 여러 방면에 걸쳐 개혁 정책을 폈다.

> 개혁 없이는 고려의 미래도 없다!

1363년 문익점, 원나라에서 목화씨를 가져오다

1376년 최영, 왜구를 토벌하다

최영은 두 차례에 걸쳐 쳐들어온 홍건적에게 서경(평양)과 개경(개성)을 빼앗겼을 때 군사를 이끌어 홍건적을 물리쳤다. 또한 삼남 지방(경상도, 전라도, 충청도)에 침입하는 왜구들을 크게 무찔러 공을 세웠다. 고려를 무너뜨리고 새로운 나라를 세우려는 이성계군과 싸우다 체포되어 참형되었다.

1377년 최무선의 건의로 화통도감이 설치되다

1388년 이성계, 위화도에서 군사를 돌리다

고려 조정은 명나라가 철령 이북 지방을 내놓으라 하자, 이성계를 보내 이를 막도록 하였다. 그러나 이성계는 왕명을 어기고 위화도에서 멈추어 있다가 개경으로 돌아와 정권을 장악하였다. 이를 '위화도 회군'이라 한다.

> 다시 개경으로 돌아간다!

1389년 박위, 쓰시마섬을 정벌하다

박위는 고려 말·조선 전기의 문신으로, 함선 100여 척을 이끌고 대마도(쓰시마섬)를 쳐서 적선 300여 척을 불태우며 왜구 토벌에 큰 공을 세웠다.

1392년 정몽주, 선죽교에서 살해되고 이성계, 왕으로 추대되다

1392년 이성계, 조선을 세우고 태조에 오르다

여진족과 홍건적, 왜구를 물리치며 이름을 날리던 이성계는 조준, 정도전과 함께 위화도에서 군사를 돌려 1392년 7월 16일 개성의 수창궁에서 왕위에 올라 새로운 나라를 열었다. 이로써 450년 동안 지속된 고려 왕조가 멸망하고 새 왕조 조선이 시작되었다

1401년 태종, 신문고를 설치하다

이성계의 다섯째 아들인 이방원은 정몽주의 살해를 지시하는 등 이성계가

조선을 건국하는 데 가장 큰 공을 세웠다. 그 뒤 2차에 걸친 왕자의 난을 평정하고 왕위에 올라 태종으로 즉위하였다. 호패법을 실시하고 신문고를 설치하는 등 제도를 정비하여 조선의 기반을 튼튼히 하였다.

1420년 세종대왕, 집현전을 설치하다

1434년 장영실, 자격루를 발명하다(1441년 측우기를 발명하다)

1443년 세종대왕, 훈민정음을 창제하다
(1445년 훈민정음을 반포하다)

1456년 사육신, 단종의 복위를 꾀하다가 처형되다
문종의 뒤를 이어 어린 단종이 왕위에 올랐으나 세조가 단종을 밀어내고 왕위에 올랐다. 성삼문 등 여섯 신하는 이를 반대하고 단종을 다시 왕위에 세우려고 하였으나 사전에 발각되고 말았다. 고문을 받으면서도 굽히지 않고 끝까지 지조를 지키다가 죽임을 당한 이들은 성삼문, 박팽년, 하위지, 이개, 유응부, 유성원인데 이들을 '사육신'이라고 한다. 모두 집현전 학사들로 세종대왕의 신임을 받았고, 문종으로부터 어린 단종을 지켜 달라는 부탁을 받은 사람들이었다.

1465년 김시습, '금오신화'를 집필하다
세조가 단종에게서 왕위를 빼앗은 것에 반대한 신하들은 사육신 뿐 아니라 김시습을 비롯한 '생육신'도 있었다. 사육신이 목숨을 잃어 가며 세조에 반대했다면, 생육신은 세조에 반대하며 세상을 등지고 살았다. 김시습은 그 중의 한 사람이다. 어려서부터 신동 소리를 들으며 자란 뛰어난 학자로, 세조의 부름을 받고도 거절하였다. 금오산실에 들어가 우리 나라 최초의 한문 소설인 『금오신화』를 지었다. 생육신은 김시습, 원호, 이맹전, 조려, 성담수, 남효온이다.

1519년 기묘사화로 조광조의 개혁 정치가 중단되다
연산군을 몰아내고 왕위에 오른 중종은 개혁 정치를 펼치며 조광조를 중심으로 한 사림파에서 인재를 뽑아 썼다. 그러나 그들은 중종이 왕위에 오르게 하는 데에 공을 세운 훈구파와 점점 대립하게 되었다. 남곤, 심정 등 훈구파들의 사주로 기묘사화가 일어나자 결국 조광조의 급격한 개혁은 중단되고 말았다.

1543년 주세붕, 백운동서원을 세우다

1561년 이황, 도산서당을 세우다

1574년 이이, '만언봉사'라는 상소문을 올리다

1592년 임진왜란이 일어나다

1592년(선조 25년)부터 1598년까지 2차에 걸친 왜군의 침략으로 온 나라가 전쟁터가 되었다. 이를 임진왜란이라 하며, 1597년부터의 전쟁을 정유재란이라고 한다.

1592년 곽재우, 경상도 의령과 현풍, 영산 등지에서 왜군을 격파하다

곽재우는 의병을 일으켜 수많은 왜군을 물리쳤는데, 붉은 옷을 입고 앞장서 '홍의장군'이라고도 불렀다. 왜군이 호남으로 진출하는 것을 막는 큰 공을 세웠다.

우리도 나서서 왜구를 물리칩시다!

1592년 고경명, 전라도에서 의병을 일으키다

고경명은 60세의 나이에 의병 6천 명을 이끌고 금산에서 왜군 12,000명과 싸워 큰 공을 세우고 전사했다.

1592년 조헌, 700명의 의병과 금산에서 최후를 맞다

조헌은 옥천에서 의병을 일으켜 1,700여 명을 모아 승병과 합세하여 청주를 탈환하였다. 이어 전라도로 향하는 왜군을 막기 위해 금산으로 향했으나, 그의 공을 시기하는 우리 관군의 방해로 의병이 대부분 해산되었다. 700명의 의병으로 금산전투에서 싸우다가 조헌은 물론 모든 의병들이 전사하였다

우리민족은 언제나 침략 받지 않고 살려나!

1592년 김시민, 진주성에서 왜군을 물리치다

진주 목사 김시민은 왜군이 진주성을 포위하자, 3,800명의 적은 수의 병력으로 7일 동안 성을 굳게 지키며 왜적 3만여 명의 사상자를 냄으로써 큰 승리를 거두었다. 이를 진주대첩이라고 한다. 그러나 김시민은 시체들 속에 숨어 있던 한 왜병의 총탄에 중상을 입고 목숨을 잃었다

1592년 이순신, 한산도에서 왜군을 대파하다

1593년 논개, 진주성에서 왜군 적장과 함께 남강에 떨어져 죽다

1592년 진주성에서 패배한 왜군이 1593년 6월, 12만여 대군을 이끌고 다시 쳐들어왔다. 제2차 진주성싸움이 벌어진 것이다. 성을 지키던 군사와 백성들 7만 명이 끝까지 항쟁하다 장렬한 최후를 마치고 진주성은 함락되고 말았다. 그러자 논개는 왜장을 촉석루 절벽 아래의 바위로 데리고 가 그를 껴안고 강물에 뛰어들어 함께 죽음으로써 조선 여인의 애국심을 보여 주었다.

우리의 목표는 아시아를 정복하는 것!

1593년 권율, 행주산성에서 왜군을 크게 무찌르다

권율은 전주로 들어오려는 왜군을 맞아 싸워 격퇴시켜 호남 지방을 지켰으며, 수원의 독왕산성에 진지를 구축하고 왜군의 공격을 여러 차례 물리쳤다. 1593년에는 행주산성에서 3만 명의 왜군을 맞아 뛰어난 작전과 주민들의 단결된 방어로 큰 승리를 거두었다.

1598년 노량해전에서 이순신 전사하다

1605년 사명당, 일본에서 포로 3천 명을 데리고 돌아오다

임진왜란에 승병을 모집하여 전투에 나가 큰 공을 세운 사명당은 전쟁이 끝난 뒤 일본에 건너가 강화를 맺고 포로로 잡혀 있던 조선인 3천 명을 구해서 돌아왔다.

1607년 허균, '홍길동전'을 짓다

허균은 임진왜란 이후 사회의 혼란과 부패, 양반 세력가들의 횡포와 신분 차별 등 봉건 사회의 문제점을 담은 소설 『홍길동전』을 지었다. 『홍길동전』은 우리 나라 최초의 한글 소설이기도 하다.

1610년 허준, '동의보감'을 완성하다

1636년 병자호란 일어나 임경업, 청나라군과 대항하다

명나라를 무너뜨린 후금은 나라 이름을 '청'으로 바꾸고, 1636년 그 동안 눈에 거슬리던 조선을 침략하였다. 이괄의 난을 평정하고 1등 공신이 된 임경업 장군은 백마산성에서 청나라의 진로를 차단하고 명나라에 군사 파견을 요청하며 대항하였다. 그러나 청나라 군대는 남한산성에 있는 인조를 포위하고 왕족들의 피난지 강화도마저 함락하여 결국 조선의 항복을 받아냈다.

1653년 하멜, 바다에서 표류하다 제주도에 도착하다

하멜은 네덜란드의 선원으로 1653년 상선 스페르웨르호 타이완을 거쳐 일본 나가사키로 가는 도중 바다에 표류하다 제주도에 닿았다. 그 후 『하멜표류기』를 써서 조선을 유럽에 소개하였다. 『하멜표류기』는 조선에 억류되어 있던 14년간의 생활을 묘사하여 우리 나라의 지리·풍속·정치·군사·교육·교역 등을 유럽에 소개한 최초의 문헌이다.

1696년 안용복, 울릉도와 독도가 우리 땅임을 일본에 확인시키다

안용복은 민간 외교가로서, 독도에 사는 일본인을 쫓아내고 울릉도와 독도가 조선의 영토임을 일본

에 확인시킨 인물이다. 일본 호키주에 가서 일본인들이 조선의 바다에 침범해 들어와 고기를 잡은 사실을 따진 뒤 사과를 받고 돌아왔다

1724년 영조, 탕평책을 실시하다
영조는 왕위에 오르자 권력의 집중을 막고 왕권을 강화하고 당파 싸움으로 벌어지는 조정의 혼란을 막기 위해 인재를 공평하게 등용하는 탕평책을 썼다.

1727년 박문수, 암행어사가 되어 부정 관리들을 적발하다
박문수는 왕명에 따라 지방을 돌아다니며 비밀리에 민심을 살피고 부패한 관리를 심판하는 특별 임무를 수행하던 암행어사의 대표적인 인물로, 백성들의 어려움을 보살피는 공명정대한 관리로 이름을 날렸다.

1776년 정조, 규장각을 설치하다

1818년 정약용, 목민심서를 저술하다

1846년 김대건, 순교하다
김대건은 우리 나라 최초의 천주교 신부이다. 천주교 박해가 심한 때였지만 방방곡곡을 돌며 비밀리에 전도 활동을 펼쳤다. 백령도 부근에서 체포되어 혹독한 고문을 당한 뒤 1846년 순교하였다.

1860년 최제우, 동학을 창시하다
최제우는 유교, 불교, 도교와 천주교의 교리를 더하고, 우리 민족이 예부터 섬겨오던 '한울님' 사상을 합쳐 사람이 곧 하늘이라는 '인내천' 사상을 만들어 동학을 창시했다.

1861년 김정호, 대동여지도를 완성하다

1865년 흥선 대원군, 경복궁을 다시 짓다
고종의 아버지인 흥선 대원군은 아들 고종이 왕위에 오르자 권력을 잡고 각종 개혁 정책을 펴 나갔다. 또한 약해진 왕권을 강화하고 왕실의 위엄을 나타내기 위해 임진왜란 때 불에 타 제 모습을 잃은 경복궁을 다시 지었다. 당파를 초월하여 인재를 등용하고 부패한 관리들을 몰아내며 정치의 안정을 꾀하였다. 그러나 무리하게 경복궁을 다시 짓느라 나라의 살림을 어렵게 했으며, 쇄국 정책으로 외국과의 교류를 막아 근대화의 기회를 놓치게 했다는 비난을 받기도 하였다.

1879년 지석영, 처음으로 종두법을 실시하다
지석영은 조선 최초로 천연두의 예방법인 종두법을 실시하였다. 우두국을 설치하고 전국 각지에서 종두법을 보급하여 국민 건강에 큰 공을 세웠다.

1894년 전봉준, 동학농민운동을 일으키다
고부 군수 조병갑의 심한 착취를 견디다 못한 농민들이 전봉준과 동학 교도들을 중심으로 하여 관아를 습격하였다. 이들은 무기를 빼앗고 불법으로 거둬들인 곡식을 백성들에게 다시 나누어 주었다. 이렇게 시작한 동학농민운동은 나라의 개혁을 부르짖으며 2차에 걸쳐 전국으로 번져 나갔지만, 전봉준이 체포되어 처형됨으로 실패하였다. 그러나 이 영향으로 조선의 전통적인 제도를 바꾸는 갑오개혁이 이루어졌으며, 청일전쟁의 발단이 되기도 하였다.

> 낡은 사회를 깨뜨리고 외세를 몰아내자.

1895년 명성황후, 일본이 보낸 자객에 의해 살해되다
명성황후는 러시아와 관계를 개선하여 일본을 견제하려 하였다. 그러자 일본 정부의 사주를 받은 일본 공사 미우라가 일본 깡패들을 침입시켜 살해하고 시신을 불태워 버렸다. 이를 을미사변이라고 한다. 이로 인해 항일 의병 운동이 전개되었으며, 고종의 거처를 옮기는 '아관파천'의 계기가 되었다.

> 일본의 강압에 의해 맺은 조약에 우리 대한제국은…

1896년 서재필, 독립신문을 창간하고 독립협회를 세우다

1907년 이준·이상설·이위종, 헤이그 밀사로 파견되다
고종은 일본에 의해 강제로 맺은 을사조약의 부당함을 폭로하고 주권을 되찾고자 네덜란드 헤이그에서 열린 만국평화회의에 밀사를 파견하였다. 밀사로는 이준, 이상설, 이위종이 파견되었는데, 국제협회 회보에 우리 나라 문제를 글로 실어 각국 여론의 호응을 받았으나, 일본의 방해로 본 회의에는 참석할 수 없었다. 이준은 현지에서 울분으로 병을 얻어 숨지고, 이상설과 이위종은 각국 순방 외교로 당시 우리 나라의 상황을 알리는 데 노력했다. 그 후 이완용 내각에 의한 결석 재판으로 사형 종신형을 받아 끝내 국내로 들어올 수 없었다.

1909년 안중근, 이토 히로부미를 암살하다

1910년 주시경, '국어문법'을 간행하다
일제하에서 한글을 가르치고 보급하기에 온 힘을 쏟은 주시경은 1898년 완성한 『국어문법』을 수정하여 1910년에 책으로 펴냈다.

1913년 안창호, 흥사단을 조직하다

안창호는 독립협회에 가입하여 만민공동회를 열어 독립을 외치고, 을사조약이 체결되자 비밀 단체인 신민회를 조직하여 독립 운동에 앞장섰다. 평양에 대성학교, 정주에 오산학교를 세우고 청년학우회를 조직하여 나라의 인재를 양성하였다. 또한 미국에 망명하여서는 샌프란시스코에서 흥사단을 조직하여 나라의 독립을 위해 큰 노력을 기울였다. 3.1 운동 당시에는 상하이 임시 정부에서 활동을 했으며 1932년 윤봉길 의사의 상하이 홍구 폭탄 투하 사건, 1937년 동우회 사건 등으로 일본 경찰에 체포되어 고생하다가 결국 병을 얻어 1938년 세상을 떠났다.

1919년 유관순, 독립만세운동을 벌이다

1920년 홍범도, 봉오동에서 일본군 수비대를 참패시키다

1920년 6월 일본군 수비대가 독립군의 근거지인 만주의 봉오동에 접근한다는 보고를 받은 홍범도는 주민들을 대피시키고 포위망을 구성하였다. 그리고는 봉오동 골짜기에 독립군을 매복시킨 뒤 일본군을 유인해 3면에서 집중 사격을 가하여 큰 승리를 거두었다. 이 전투의 승리로 독립군뿐만 아니라 독립 운동가와 동포들의 사기가 크게 높아졌고, 독립군의 세력이 더욱 증강되는 계기가 되었다. 반면, 이 전투에서 참패하여 충격을 받은 일본군은 관동군까지 동원하는 대대적인 독립군 토벌 계획을 수립하게 되었다.

1927년 방정환, 어린이날을 제정하다

1932년 이봉창·윤봉길, 목숨을 바쳐 폭탄을 던지다

1936년 손기정, 베를린 올림픽 마라톤에서 우승하다

1936년 제11회 베를린 올림픽 대회에서 손기정은 일본 선수 자격으로 마라톤에 참가하여 2시간 29분 19초의 기록으로 우승하여 금메달을 목에 걸었다.

1936년 안익태, 애국가를 작곡하다

1948년 이승만, 대한민국 초대 대통령으로 선출되고 대한민국 정부가 수립되다

1945년, 2차 세계대전을 일으켰던 일본이 연합군에게 항복함으로써 우리 나라도 해방을 맞이하게 되었다. 3년 후인 1948년 7월 1일, 처음으로 열린 국회에서 나라 이름을 대한민국으로

정하고, 7월 20일 국회에서 이승만을 초대 대통령으로 선출하였다. 8월 15일 북한과는 별도로 남한만의 대한민국 정부를 수립하고 국내외에 널리 알렸는데, 이것이 대한민국 제1공화국이다. 그해 12월 12일 파리에서 열린 제3차 국제연합 총회에서 대한민국이 한반도의 유일한 합법 정부로 인정되었다.

1949년 김구, 안두희에게 암살을 당하다

독립 운동가로 활동하며 대한민국 임시 정부의 주석을 지낸 김구는 해방 전에는 독립을 위해, 해방 후에는 이념으로 분열된 남북의 통일을 위해 밤낮으로 노력했다. 1949년 6월 26일 경교장에서 육군 포병 소위 안두희에게 암살 당해 한평생 나라를 위해 살아온 생을 마쳤다.

1950년 김일성, 6월 25일 불법 남침으로 전쟁을 일으키다

해방 이후 북한 지역을 신탁 통치했던 소련군의 도움을 받아 북한 지역을 장악한 김일성은 1948년 북한에 공산 정권인 '조선민주주의 인민공화국'을 선포하였다. 그리고 소련의 무기로 무장한 뒤 1950년 6월 25일 새벽 4시에 남북 군사 분계선인 38선 전역에 걸쳐 남침을 감행하였다. 3년간에 걸친 동족상잔의 비극으로 국토는 전부 폐허가 되었고, 한반도는 휴전선으로 분단되어 오늘에까지 이르렀다.

1961년 박정희, 5·16 군사 정변을 일으키다

1961년 5월 16일, 육군 소장 박정희의 주도로 육군사관학교 8기생 출신 군인들이 제2공화국을 폭력으로 무너뜨리고 정권을 장악하였다. 이후 1963년 박정희는 대통령에 취임하여 제3공화국을 시작하였다.

1981년 전두환, 군사 반란을 일으켜 제5공화국을 출범시키다

1979년 10월 26일, 중앙정보부장 김재규가 권총으로 박정희 대통령을 살해하였다. 이후 전두환은 12·12사태로 군사 반란을 일으켰고, 결국 대통령에 취임하며 제5공화국을 시작하였다.

1988년 노태우 대통령에 취임, 서울 올림픽이 열리다

1987년 국민이 직접 선거하여 대통령을 선출하는 직선제로 헌법이 개정되었고, 1988년에는 3당을 합당한 노태우가 선거에 당선되어 대통령에 취임하였다. 임기 중인 1988년 9월 17일부터 10월 2일까지 16일간에 걸쳐 서울을 비롯한 한국의 주요 도시에서 올림픽이 열렸다. 서울 올림픽은 전세계에서 160개국 1만 3,304명의 선수단이 참가하여 올림픽 사상 최대 대회 규모를 기록하였다.

1993년
김영삼, 대통령에 취임하다
1993년 2월 25일 김영삼이 대통령에 당선되어 문민정부를 내세우며 취임하였다.

1994년
북한의 김일성 사망하다
공산 정권을 세우고 해방 이후 줄곧 북한의 최고 지배자로 군림한 주석 김일성이 1994년 7월 8일 사망하였다. 그의 사망으로 그해 7월 25일 평양에서 열릴 예정이던 남북정상회담이 취소되었다.

1998년
김대중, 대통령에 취임하다 - 노벨 평화상을 받다
김대중은 1998년 2월 25일 야당 후보로 대통령 선거에 출마하여 당선되었다. 대한민국에서는 처음으로 수평적 정권 교체를 이루며 대통령에 취임한 그는 2000년 6월 13일부터 15일까지 북한의 김정일과 만나 분단 55년 만에 정상 회담을 열고, 6·15 남북 공동 선언을 발표하였다. 남북한의 냉전 상황을 바꾸고 평화를 가져오려는 정책과 노력을 인정받아 2000년 노벨 평화상을 받았다.

2002년
노무현, 대통령에 당선되다 - 한·일 월드컵이 열리다
2002년 대한민국에서 한·일 월드컵이 열렸다. 우리 선수들은 4강 진출의 쾌거를 이루었고, 우리 국민들은 붉은 물결을 이루는 거리 응원으로 세계를 깜짝 놀라게 했다. 이해 말에는 국민 경선을 통해 민주당 후보가 된 노무현이 대통령 선거에 당선되었다.